BNPL
Buy Now, Pay Later

後払い決済の最前線

急成長する市場と
日本・世界の先進事例
50

安留義孝 著
YASUTOME Yoshitaka

一般社団法人 金融財政事情研究会

はじめに

　コロナ禍において、世界で最も注目を集めた金融サービスは BNPL（ビーエヌピーエル）だろう。2021年に入り、唐突に「消費者から金利も手数料もとらない」「リアルタイム審査」、さらには「審査不要」などの魅力的なキャッチフレーズとともに、BNPLは日本でも話題となった。そして、1年という時を要せず、日本でも主要な決済手段の1つとしての地位を確立しつつある。なお、BNPLとは、"Buy Now, Pay Later"（バイナウ ペイレイター）の頭文字をとった略語で、日本語に訳せば、「今買って、後で支払う」ことのできる決済手段のことである。手元や銀行口座に資金がなく、クレジットカードを持っていなくても、欲しい商品があれば、簡単な手続きだけで購入でき、後で支払うことができる。

　私は2016年以降、欧米や東南アジアのキャッシュレス決済を中心に金融サービスの調査研究に従事しているが、海外ではBNPLは2016年以前より、日常生活に密着した決済手段として利用され、クレジットカードやショッピングローンとは異なる「後払い」としての役割を担っている。また、私の記憶が正しければ、インドネシアのオンラインショッピングモールでは単にPay Later（ペイ レイター）、ロンドンで見たBNPL事業者である Klarna（クラーナ）の宣伝カーには "Shop now. Pay later." （ショップナウ ペイレイター）と表記されていた。BNPLという名称がいつの間にか定着しているが、流行するには、親しみやす

い、聴き取りやすい言葉選びも重要ということなのだろう。最近流行りのDX（Digital Transformation：デジタル トランスフォーメーション）やSDGs（Sustainable Development Goals：サステナブル デベロップメント ゴールズ）、NFT（Non-Fungible Token：ノンファンジャブル トークン）なども、アルファベットの頭文字をとった略語である。

　BNPLという名称が定着する以前より、BNPLは海外では日常生活に密着した決済手段として利用されているが、コロナ禍により、一躍話題を集めることになった。コロナ禍では都市封鎖や外出規制もあり、オンラインショッピングやフードデリバリーの需要が増加した。しかしながら、欧州先進国であっても、スウェーデンなどの北欧諸国、イギリス、フランス、ドイツでも、クレジットカードの保有率、利用率は低い。アメリカでも、ニューヨーク市の調査によると、2017年時点で全世帯の11.2%が銀行口座を保有せず、21.8%は銀行口座はあるがローンの支払いなどに限定されているという。つまり、約30%は「アンバンクト」もしくは「アンダーバンクト」であり、クレジットカードを利用できない。BNPLは彼らのオンラインショッピングやフードデリバリーでの決済で、クレジットカードの代替となる「後払い」として飛躍的に利用件数を伸ばした。また、東南アジアを含む途上国はアンバンクトが多く、クレジットカード保有率も低いことからBNPLへの注目が高まっており、今後、利用が爆発的に拡大するとの見方もある。誰もが銀行口座を持つ日本と海外では、決済に関する事情はかなり違うと考えた方がよい。

　今になって思うと、コロナ禍がなければ、BNPLはここまで話

題になることもなく、静かに、そして少しずつ、クレジットカードに代わる「後払い」として日常生活に根付いたのかもしれない。

　なお、私はBNPLという言葉を知る以前の2016年頃から、Klarnaなどのサービスに興味を持ち、セミナーなどで紹介し、専門誌などの記事でも取り上げていたが、2021年のはじめまでは誰からも関心を持たれることはなかった。しかし、コロナ禍でのオンラインショッピングの成長とともに、金融業や小売業に従事する方々からの問合せを受ける機会が増えている。そして、私の影響があったわけではないが、日本でもクレジットカードとは異なる様々な新しい「後払い」であるBNPLが登場し、躍進をはじめている。

　BNPLは、オンラインショッピングだけではなく、オフライン（リアル店舗）も含めて利用が伸びている。本書では、BNPLを単なる一過性のバズワードとして捉えるのではなく、社会環境、そして消費者の変化に対応した、時代に求められる新しい「後払い」と定義し、法律家でも、IT技術者でも、BNPL事業者のメンバーでもなく、１人の消費者の立場で筆を進めさせて頂いた。

　なお、本書は私個人の見解であって、所属する組織の見解を示すものではないことをお断りさせて頂く。

2022年10月

安留　義孝

目 次

第1章 ● BNPLとは

第2章 ● 海外で先行するBNPL

第 **1** 章

BNPLとは

1 BNPLとは何か

▰ BNPLは成長期そして変革期

　2021年9月、アメリカのPayPal（ペイパル）が日本の代表的なBNPLのPaidy（ペイディ）を27億ドル（約3,000億円・当時）で買収することを発表した。この大型買収は日本でも大きく取り上げられ、日本の一般消費者がBNPLという言葉を認知するきっかけとなった。そして2021年は、この買収だけではなく、国をまたいだBNPL関連の大きな買収や業務提携が発表された激動の年であった。

　主な買収や業務提携だけでも、2021年8月にアメリカの

図表1　2021年の主なBNPL関連の買収や業務提携

BNPL	時期	提携先等	内容
afterpay	2021. 8	Square	Square（現・Block）がAfterpayを買収することで合意。買収総額は290億ドル（約3兆円・当時）
affirm	2021. 8	amazon	AmazonはAffirmと業務提携
paidy	2021. 9	PayPal	PayPalは日本のPaidyを買収することで合意。買収総額は27億ドル（約3,000億円・当時）
Klarna.	2021.10	stripe	StripeはKlarnaと業務提携

出所：公開情報（ロゴは各社HP。以下、同じ）をもとに著者作成

Square（スクエア。現・Block（ブロック））がオーストラリアのBNPLであるAfterpay（アフターペイ）を290億ドル（約3兆円・当時）で買収することに合意したと発表。同月に、アメリカのAmazonもBNPLのAffirmとの業務提携を発表した。そして、同年10月にはアメリカのStripe（ストライプ）とスウェーデン発のBNPLであるKlarnaが業務提携するなど、活発な動きが目立つ。

　2020年からはじまったコロナ禍によるEC（電子商取引）の成長に伴い、BNPLは急成長を遂げたが、今、さらなる成長を目指した変革期を迎えている。

▪️ コロナ禍で注目

　ここで、改めて、BNPLとは何かということを明確にしたい。BNPLとは、"Buy Now, Pay Later"の頭文字をとった略語であり、日本語に訳せば、「今買って、後で支払う」ことができる決済手段のことである。コロナ禍において、ショッピングスタイ

図表2　BNPLの成長

出所：公開情報をもとに著者作成

ルの変化に伴い急成長した決済手段であり、スウェーデン発の
Klarna、オーストラリア発のAfterpay、アメリカ発のAffirm
（アファーム）は世界的な企業へと成長し、新聞やテレビ、ウェ
ブニュースなどで取り上げられる機会も増えている（図表2）。

　なお、BNPLと一言で語られるが、共通するのはクレジット
カードではない「後払い」ということだけである。キャッシュレ
ス決済の中心的な役割が、欧州ではデビットカード、中国では
コード決済と異なるように、BNPLも法規制や歴史、文化・習
慣、国民性、そして金融サービスの普及状況（銀行口座保有率、
クレジットカード保有率など）により、サービスの形態は国や地
域ごとに様々である。当然、BNPL事業者ごとにサービス内容は
異なる。

　既にアメリカの多くのECサイトの決済画面では、VISA（ビ
ザ）やMastercard（マスターカード）などのクレジットカード

図表3　adidas（アメリカ）のECサイトの決済画面

出所：adidas（アメリカ）HPより作成

と並列に、Klarna、Afterpay、AffirmなどのBNPLが並ぶ（図表3）。アメリカなどの一部の国では、BNPLはもはや特別なものではなく、消費者はBNPLでの決済を当たり前のものとして選択できるのである。

▌ 日常使いの決済手段として浸透している国も

海外で広がるBNPLだが、流行には地域的な傾向がある。

BNPLを牽引するKlarnaの地盤であるスウェーデンでは、ECサイトでのショッピングの決済において23%がBNPLを利用しており、もはやBNPLは日常生活には欠かせない決済手段といえる（図表4）。他の北欧諸国も、ノルウェー（15%）、フィンランド（12%）、デンマーク（8%）と、BNPLでの決済の割合は高い。また、Afterpayの地盤であるオセアニアをみると、オーストラリア、ニュージーランドはともに10%でBNPLが利用されている。そしてKlarnaやAfterpayなどのBNPLを牽引する企業がない国・地域でも、ドイツ（19%）、オランダ（9%）、ベルギー（7%）、イギリス（5%）がベスト10にランクインしている。このように、ベスト10に欧州の8カ国、オセアニアの2カ国がランクインしていることから、欧州、そしてオセアニアでは、既にBNPLが特別なものではなく、日常生活の決済手段としての地位を確立していることがわかる。

ちなみに、日本は3%とまだまだの状況で、インド、インドネシア、フィリピン、シンガポールも日本と同程度の利用状況にある。先進国だけではなく、アジアでもBNPLの普及ははじまっているが、成長の余地は残っているといえる。

図表4　ECの決済でBNPLが利用される割合が高い国トップ20（2020
年）

（単位：£（英ポンド））

		BNPL 決済割合	EC取扱高	（うち）BNPL決済
1	スウェーデン	23%	27,931,559,760	6,424,258,745
2	ドイツ	19%	87,375,648,480	16,601,373,211
3	ノルウェー	15%	17,188,652,160	2,578,297,824
4	フィンランド	12%	11,459,101,440	1,375,092,173
5	オーストラリア	10%	26,499,172,080	2,649,917,208
6	ニュージーランド	10%	3,580,969,200	358,096,920
7	オランダ	9%	22,918,202,880	2,062,638,259
8	デンマーク	8%	17,188,652,160	1,375,092,173
9	ベルギー	7%	10,026,713,760	701,869,963
10	イギリス	5%	191,939,949,120	9,596,997,456
11	フランス	4%	94,537,586,880	3,781,503,475
12	インド	3%	42,971,630,400	1,289,148,912
13	インドネシア	3%	17,904,846,000	537,145,380
14	日本	3%	**141,090,186,480**	**4,232,705,594**
15	フィリピン	3%	3,580,969,200	107,429,076
16	シンガポール	3%	5,013,356,880	150,400,706
17	イタリア	2%	29,363,947,440	587,278,949
18	ポーランド	2%	10,026,713,760	200,534,275
19	スペイン	2%	52,998,344,160	1,059,966,883
20	アメリカ	2%	790,677,999,360	15,813,559,987

出所：Payments Cards & Mobile "Top 20 BNPL nations ranked by
e-commerce size and market share"（2021年5月）より作成

そして、BNPLでの決済金額をみると、アメリカがドイツに続く2位である。KlarnaやAfterpayはアメリカに進出し、アメリカローカルのAffirmなどの躍進もあるが、BNPLでの決済の割合は2％に過ぎない。アメリカのBNPLの成長も、まだまだこれからといえよう。

2 　BNPLの基本モデル

▶ リアルタイムで「取引」を審査

　国や地域ごと、そして事業者ごとにサービス内容は異なるが、BNPLの標準的なモデルはある。BNPL事業者が消費者の購入した商品の代金を立て替えて加盟店に支払い、消費者が「後払い」で一括、もしくは分割でBNPL事業者に商品の代金を返済するというものである。ここで、BNPLを利用したオンラインショッピングの流れを示す。なお、オンラインショッピングを例に示すが、BNPLはオンラインに限られたものではなく、オフライン（リアル店舗）でも利用されていることを付け加えておく。

① 消費者が加盟店（ECサイト）で欲しい商品を注文し、決済方法でBNPLを選択する。
② 消費者は、BNPL事業者が指定するメールアドレスや携帯電話番号などの簡易的な情報を入力し、返済方法（翌月一括、分割の回数など）を指定する。

③　BNPL事業者は、消費者が入力した条件に従い、即時に
与信審査を実施する。

④　消費者が審査に通過すれば、加盟店（ECサイト）は商
品を発送する。

⑤　消費者は、商品到達後に商品に問題がなければ、条件に
従い商品の代金をBNPL事業者に返済する。なお、金利や
手数料の有無は条件次第である。

⑥　BNPL事業者は、商品の代金から手数料を差し引いた金
額を、加盟店（ECサイト）に支払う。

　なお、③で実施する与信審査だが、クレジットカードは「人」
を審査するが、BNPLは「取引」を審査することが多い。そのた
め、クレジットカードの審査では生年月日、年収、勤務先、勤務
年数などの詳細な個人情報が必要となるが、BNPLの審査ではそ
れらが必要がないことが多い。なお、「取引」の審査だが、アメ
リカをはじめとする世界各国では、BNPLの流行以前から、

図表5　BNPLの基本モデル

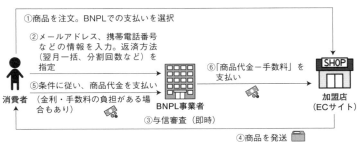

出所：公開情報をもとに著者作成

Lending Club（レンディング クラブ）などの企業が「トランザクションレンディング」（後掲・CHECK参照）と称して、従来とは異なる与信審査を取り入れている。

　BNPLの与信審査の一例としては、「商品の送付先住所が、ホテルや空き地ではなく、住宅地か」「換金性の高い商品を繰り返し購入していないか」「過去の取引（利用端末、購入時間帯、商品の趣味嗜好や価格帯など）と乖離はないか」などを審査している。送付先が空き家であれば、商品を持ち逃げされる可能性がある。また、いつもは昼間にビジネス書を購入している消費者が、突然、夜中にアニメの動画の購入をすれば、なりすましの可能性も否定はできない。

　私が面白いと思った審査項目の1つは、「利用規約などの承認までの時間」である。一瞬で承認すると、利用規約を読んでいないと判断され、よい評価はもらえない。もし、BNPLの審査で悪い結果だった場合には、意外なところで評価を下げられている可能性もある。

　返済方法は、基本的には次の3パターンである。

①　30日以内など、指定日までの一括払い
②　Pay in 4（ペイインフォー）と呼ばれる4回分割払いや、Pay in 3（ペイインスリー）と呼ばれる3回分割払いなどの短期分割払い
③　数カ月から数年かけて返済する長期分割払い

消費者はその時の懐具合や近々の収支計画に応じて、取引ごと

に無理なく返済できる返済方法を選択できる。

　なお、Pay in 4 の返済サイクルは、オーストラリアやアメリカでは、金利、手数料なしで2週間ごととなる。これは、オーストラリア、そしてアメリカのブルーカラーの給与が2週間ごとの支給が多いという習慣に合わせたものである。現時点では給与の支給が基本的に月1回の日本では、オーストラリアやアメリカ流のPay in 4 をそのまま適用することは難しい（私自身は月1回の給与支給日だが、2週間ごとの返済では、月の後半を節約した生活で過ごすか、返済遅延を起こすことになるかもしれない）。

　これは一例だが、BNPLが定着している海外と日本とでは法規制や歴史、文化・習慣、国民性、そして金融サービスの普及状況（銀行口座等保有率、クレジットカード保有率など）が異なるため、海外の先進事例をまねるだけでは日本では通用しないこともある。

CHECK　トランザクションレンディング

　トランザクションレンディングとは、年収、勤務先、勤続年数、資産、負債などで評価するのではなく、取引履歴など日々発生する様々なデータを用いて、審査対象者の人となりや返済意思を評価して与信審査や融資を行う手法である。破産など債務不履行に陥る人の特徴は、収入の多寡よりも、その人の性格によるところが多く、収入が多くても、その分、浪費による支出が多ければ、何かのきっかけで返済に行き詰るという考え方に基づいたものである。

事業者ごとに様々なデータ、分析手法を用いているが、代表的な審査内容を次に紹介しよう。

・携帯ゲームに興じる時間が長いほど、リスクが高い。
・夜間外出や外食などの回数が多いほど、リスクが高い。
・アダルトサイトへのアクセス頻度が高い、閲覧時間が長いほど、リスクが高い。
・検索履歴から、特定の語句による検索やその検索回数によりリスクを評価する（特定の語句を利用した検索が多いほど、リスクが高い）。
・英表記では、氏名を大文字で書く方が、小文字で書くよりも几帳面でありリスクは低い。
・サイトを訪問して即座にローンを申し込む場合は、規約を読んでいないと推測され、リスクが高い。
・同一の携帯電話番号を長く使っていれば、リスクは低い。

　また、アフリカの金融機関の例では、「家族に定期的に電話している」のであれば返済確率が４％上昇するという。そして、「屋台など、特定の場所に定期的に訪問している」のであれば、返済確率が６％上昇、「Facebook（フェイスブック）で58人以上の友人関係」があれば返済確率は９％上昇という判断をしているという。残念ながら、私はどれも該当せず、この金融機関の与信審査の結果はかなり悪くなってしまうだろうが、こういった判断基準のなかには日本でも当てはまるものがあるだろう。

⠿ BNPL事業者はどう収益を得ているのか

　BNPL事業者の主な収益は、①加盟店からの手数料、②消費者からの金利と手数料、③消費者からの延滞金利と延滞手数料である。

①　加盟店からの手数料

　加盟店からの手数料はBNPLの収益の柱であり、一般的にクレジットカードよりも高額な手数料を徴収している。加盟店の業種業態、取扱商品、取引実績などにより異なるが、たとえばKlarnaは3〜6％、Afterpayは4〜6％、Affirmは6％程度の

図表6　BNPL事業者の収益源

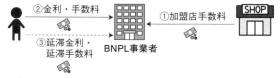

【大手BNPLの場合（アメリカ）】

	①加盟店手数料	②金利・手数料	③延滞金利・延滞手数料
Klarna.	3〜6％ ＋固定費	（6カ月まで） 0％	最大7ドル （支払い1回当り）
afterpay◇	4〜6％ ＋固定費	0％	最大25％
affirm	6％	（1,000ドル以上の商品もしくは返済期間が12カ月以上の場合） 最大30％	なし

出所：公開情報をもとに著者作成

手数料を徴収している。さらに、加盟店から固定費を徴収している場合もある。

② 消費者からの金利・手数料

　BNPLは消費者からは金利も手数料も一切徴収しないといわれることもあるが、そこまで都合のよい話はない。クレジットカード払いにおいて、翌月一括払いでは金利や手数料を徴収されることはないが、分割払いやリボ払いでは金利や手数料が徴収されるのと同じで、BNPLでも条件によっては金利や手数料が徴収される。翌月一括払いや短期分割払いの場合には、金利や手数料は徴収されないが、Klarnaは6カ月以上の分割払いでは金利を徴収し、Affirmも1,000ドル（約14万円）以上の商品、もしくは返済期間が12カ月以上の場合には最大30%の金利を徴収している。金利や手数料なしを謳い文句に、まずは翌月一括払いや短期分割払いを利用してもらい、先々には金利や手数料を徴収する長期分割払いに誘導する戦略とも思われる。

③ 消費者からの延滞金利・延滞手数料

　延滞金利や延滞手数料を前提としたビジネスモデルを構築しているとしてBNPLに批判的な評論家もいるが、決してそのようなことはない。そうであるならば、回収コストだけでも収支は合わなくなり、貸倒れのリスクが大き過ぎる。とはいうものの、Klarnaは最大7ドル（約980円）、Afterpayは最大25%の延滞金利や延滞手数料をきちんと徴収している。

　BNPL事業者は、決して消費者から金利も手数料も徴収しないボランティアではない。しかしながら、加盟店から手数料を取り過ぎてしまえば、加盟店がBNPLを導入することはなくなってし

まう。BNPL事業者は消費者と加盟店とのバランスを上手くとったビジネスモデルを構築しているのである。

▶ クレジットカードとの違い

　BNPLの基本モデル、収益モデルについて述べてきたが、次に、「後払い」の代表格であるクレジットカードと比較したBNPLのメリットとデメリットを、消費者視点（①消費者負担、②返済方法、③与信審査、④利用限度額）と、加盟店視点（⑤加盟店手数料、⑥入金サイクル）の双方から明確にしたい。なお、以下の比較は一般的なものであり、BNPL事業者、クレジットカード会社によって条件は異なる。

① **消費者負担**

　クレジットカードは最近では無料のものも増えたが、基本的には年会費がかかり、そして分割払いやリボ払いの場合には金利や手数料が必要となる。一方、BNPLでは年会費は必要なく、翌月一括払いや短期分割払いであれば、金利や手数料が不要の場合が多い。海外ではクレジットカードの返済は日本と異なり、リボ払いが中心となるため、クレジットカードは借金であり、金利が必要なものという意識が強い。そのため、「金利や手数料を払いたくないから、BNPLを利用する」という消費者は多い。消費者負担という点では、BNPLの方が優位である。

② **返済方法**

　海外のクレジットカードの返済方法は、リボ払いが中心である。そのため、毎月１万円など、決められた返済額のなかに組み込まれて返済を続けることになる。そして、リボ払いの返済額の

図表7　BNPLとクレジットカードの違い

			BNPL	クレジットカード（海外）
消費者視点	①消費者負担		・翌月一括、短期分割払いの場合はなし ・クレジットカードよりも金利・手数料の負担が軽い	・年会費 ・分割払い・リボ払いの場合は金利・手数料
	②返済方法		取引ごとに選択可 （翌月一括、短期分割、長期分割払いなど様々）	リボ払いが中心 （既存の返済に組み込まれる）
	③与信審査	方法	取引を審査 （取引実績などを利用）	人を審査 （信用情報機関などのスコアも利用）
		必要情報	メールアドレス、携帯電話番号など簡易 （基本情報（氏名、住所）も必要な場合あり）	氏名、国民ID、生年月日、住所、勤務先、年収など多数
		必要時間	即時（遅くても、数分程度）	（一般的に）時間を要する
加盟店視点	④利用限度額		消費者ごと、取引ごとの審査結果によるが、多くの場合、BNPL＜クレジットカード	
	⑤加盟店手数料		加盟店との関係によるが、一般的に、BNPL＞クレジットカード	
	⑥入金サイクル		BNPLの方がクレジットカードよりも速い	

※事業者、サービスごとに条件は異なる
出所：公開情報をもとに著者作成

内訳はわかりにくい。元本がいくらで、金利や手数料がいくらかを把握して返済している消費者は少ない。しかし、BNPLであれば、消費者は取引ごとに自分のライフプランやマネープランに応じて、自由に翌月一括払い、もしくは返済期間や返済額を指定した分割払いを選択できる。当然、必要となる金利、手数料も明確である。

③　与信審査

　クレジットカードとBNPLとでは、そもそも審査の対象が異なる。クレジットカードが消費者という「人」を審査しているのに対し、BNPLは「取引」を審査している。そのため、クレジットカードの入会時には氏名、国民ID、生年月日、住所、勤務先、

年収、負債など多くの個人情報が必要となるが、BNPLはメールアドレスや携帯電話番号などの簡易的な情報だけで済むことが多い。BNPLの方がはるかに手間なく簡単に利用できる。

　審査に要する時間についても、最近では即時に審査結果が判明するクレジットカードも増えてはいるものの、一般的にはBNPLの方が速い。よって、クレジットカードを持っていなくても、その商品が欲しいと思った瞬間にBNPLを気軽に申し込み、ショッピングを楽しむことができる。

　また、前述のとおり、「人」ではなく、「取引」を審査しているため、年収が低い消費者や信用履歴（クレジットヒストリー）が少ない消費者であっても、BNPLでは審査を通過する可能性がある。消費者も多様化し、幅広い層の消費者が利用できる点ではBNPLの方が優位である。しかし逆に、この優位性がBNPLの最大の弱点でもある。返済意思が弱い消費者に利用されてしまうと、回収にコストがかかり、貸倒れにより収益が悪化する可能性も高まってしまう。

④　利用限度額

　それぞれの消費者の与信審査の結果次第となるが、一般的にはクレジットカードの方がBNPLよりも利用限度額が高い。

⑤　加盟店手数料

　業種業態、取扱商品、取扱高、そして契約条件によるが、加盟店手数料は、一般的にクレジットカードよりもBNPLの方が高い。ただし、BNPLを導入することで、クレジットカードを持っていない、利用しない消費者にも販売機会を広げることができ、売上向上が期待できる。

⑥　入金サイクル

　これも契約条件次第となるが、入金サイクルは、クレジット
カードよりもBNPLの方が速い。ただし、BNPL事業者はクレ
ジットカード会社と比べて歴史が浅いベンチャーも多い。BNPL
事業者によっては、企業の継続性という観点で、倒産などのリス
クを含めて、まだまだ不安な面を残しているのも事実である。

3 海外のBNPLの特徴

▐▌ 海外でBNPLが流行る理由

　BNPLとクレジットカードの違いについて整理したところで、
なぜ海外では日本よりも先行してBNPLが普及したかを考えてみ
たい。

　まずは、クレジットカードの保有率と利用率である。意外かも
しれないが、先進国でも、クレジットカードの保有率、そして利
用率が低い国は多い。

　日本の15才以上のクレジットカード保有率は、69.7%である
（図表8）。対して、前掲の図表4で紹介したECの決済でBNPL
が利用される割合が最も高い国であるスウェーデンのクレジット
カード保有率は48.4%、ECの決済におけるBNPLでの決済額が
最も多いドイツも56.5%に過ぎない。約半数がクレジットカード
を持っていないのである。

　アジアでも、シンガポールでは41.7%がクレジットカードを持

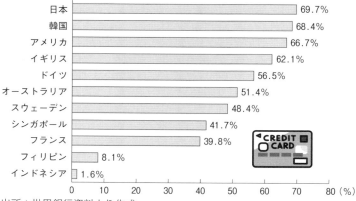

図表8　15才以上のクレジットカード保有率（2021年）

日本	69.7%
韓国	68.4%
アメリカ	66.7%
イギリス	62.1%
ドイツ	56.5%
オーストラリア	51.4%
スウェーデン	48.4%
シンガポール	41.7%
フランス	39.8%
フィリピン	8.1%
インドネシア	1.6%

出所：世界銀行資料より作成

つが、インドネシアは1.6%に過ぎない。

　また、アメリカは66.7%であるが、「30才未満のクレジット
カード保有率は33%」（LendingClub CEO）、「アメリカのミレ
ニアル世代の25%はクレジットカードを保有していない」（TD銀
行）という発言からも、若い世代のクレジットカード離れは進ん
でいることがわかる。

　クレジットカードを持っていない消費者にとって、ECサイト
で欲しい商品を見つけた場合、簡単に申込みができるBNPLは非
常に利便性が高い。

　そして、クレジットカードを持っていたとしても、クレジット
カードの利用率が低い国は多い。日本ではデビットカードは普及
していないが、欧州においてキャッシュレス決済の中心的な役割
を担うのは、デビットカードである。クレジットカードとデビッ

図表9　カード決済（種類）別の「民間最終消費支出」に対する割合
（2020年）

	決済比率（％）			
	クレジットカード	デビットカード	電子マネー	合計
日本	**25.7**	0.8	2.1	28.6
韓国	**79.9**	22.1	0.1	102.1
アメリカ	**30.5**	23.5	1.8	55.8
オーストラリア	27.5	**35.8**	0.4	63.6
スウェーデン	9.6	**36.7**	0.0	46.3
イギリス	10.9	**53.0**	－	－
ドイツ	0.5	**20.8**	0.1	21.4
フランス	6.4	**41.4**	0.1	47.9
シンガポール	**36.8**	22.6	1.3	60.6
インドネシア	2.5	**3.1**	2.3	7.9

出所：「日本のクレジット統計2021年版」（日本クレジット協会）より作成

トカードを持っている場合、デビットカードを優先して利用する
傾向の国は多い。世界中を見渡しても、クレジットカードとデ
ビットカードを比較して圧倒的にクレジットカードを利用してい
る国は、日本とお隣の韓国くらいである。

　カード決済（種類）別の「民間最終消費支出」に対する割合
（図表9）を見ると、日本はクレジットカードが25.7％に対し、
デビットカードは0.8％に過ぎない。同じくクレジットカードが
人気の韓国では、クレジットカード79.9％、デビットカード
22.1％である。他方、スウェーデン、イギリス、ドイツ、フラン

スでは、圧倒的にデビットカードが利用されている。BNPLが普
及しているオーストラリアでも、クレジットカードが27.5%に対
してデビットカードは35.8%と、デビットカードの方が利用され
ている。クレジットカード大国といわれるアメリカでも、クレ
ジットカード30.5%、デビットカード23.5%と、デビットカード
もかなり利用されている。このように、先進国でも普段使いの
キャッシュレス決済手段はクレジットカードではなく、デビット
カードという消費者が多いのである。

　また、クレジットカードを持っていても、使いたくない、使え
ないという消費者も存在する。アメリカのBNPLを利用する理由

図表10　BNPLを利用する理由（アメリカ）

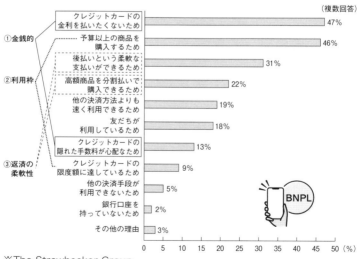

※The Strawhecker Group
出所：The Financial Brand "Buy Now, Pay Later Altering Consumers' Credit
　　　Behavior Fast" より作成

の調査（図表10）によると、「クレジットカードの金利を払いたくないため」が47%、「予算以上の商品を購入するため」46%、「後払いという柔軟な支払いができるため」31%、「高額商品を分割払いで購入できるため」22%で、「他の決済方法よりも速く利用できるため」「友だちが利用しているため」「クレジットカードの隠れた手数料が心配なため」「クレジットカードの限度額に達しているため」「他の決済手段が利用できないため」「銀行口座を持っていないため」と続く。

　これらの理由は、クレジットカードにおけるリボ払いの金利を払いたくない、隠れた手数料が不安という「①金銭的な問題」、予算以上の商品を購入したい、限度額に達しているというクレジットカードの「②利用枠の問題」、さらに、柔軟な返済方法を選択したい、高額商品を分割払いしたいという「③返済の柔軟性」の３つに区分できる。つまり、BNPLはクレジットカードを持っていない消費者のためだけの「後払い」ではないのである。

CHECK 　**欧州のキャッシュレス決済事情**

- -

　欧州のキャッシュレス決済の中心的な役割を担うのは、デビットカードである。カードブランドが発行するMaestro（マエストロ）やV Pay（ヴイ ペイ）、Visa Electron（ビザ エレクトロン）に加え、日本のJ-Debit（ジェイデビット）に相当するデンマークのDankort（ダンコート、図表11の＊①）、ベルギーのBancontact（バンコンタクト）などの国内限定のデビットカードが普及している。ちなみにドイツは、先進国では日本と並ぶ

図表11　世界の主な決済手段

【欧州・北米・オセアニア】

	欧州			
	スウェーデン	デンマーク	オランダ	イギリス
高額	**VISA** mastercard	**VISA** mastercard	**VISA** mastercard	**VISA** mastercard
〜	maestro **VISA** Electron VPAY	maestro **VISA** Electron VPAY DK *①	maestro **VISA** Electron VPAY	maestro **VISA** Electron VPAY
少額			デビットカード	)))
個人間送金	swish	MobilePay	twyp	Revolut mondo

	北米		オセアニア
	アメリカ	カナダ	オーストラリア
高額	**VISA** mastercard	**VISA** mastercard	**VISA** mastercard
〜	maestro	maestro Interac	eftpos
少額		デビットカード	)))
個人間送金	venmo S Cash App Zelle	Interac e-Transfer	Pay iD

【アジア・アフリカ】

	アジア			
	シンガポール	インドネシア	ネパール	中国
高額 ～	**VISA** mastercard. **NETS**	—	—	**UnionPay 银联** 支付宝 ALIPAY
少額	大規模店舗 ((･))　中小規模店舗 ※DBS PayLah! OCBC PAY ANYONE	**OVO** gopay	IME pay **K** khalti eSewa	微信支付 WeChat Pay
個人間送金	**PAY NOW**			

	日本	アフリカ
		ケニア
高額 ～	**VISA** mastercard. JCB	M-PESA
少額	Suica　PayPay WAON　**R** Pay nanaco	
個人間送金	—	

※著者の経験上での分類。代表的なものを記載しており、他の決済手段が利用できないわけではない

出所：公開情報をもとに著者作成

キャッシュレス決済が進展していない国の1つだが、Girocard（ジロカード）という国内限定デビットカードは発行されている。日本と同様に、使うか使わないかは消費者次第である。

欧州以外でも、オーストラリアとニュージーランドではeftpos（エフトポス）、カナダではInterac（インタラック）という国内限定のデビットカードが普及している。

さらに、北欧諸国では、スウェーデンのSwish（スイッシュ）、ノルウェーのVipps（ヴィップス）、フィンランドのSiirto（シーロト）、デンマークのMobilePay（モバイルペイ）という銀行口

写真1　Albert Heijn（スーパーマーケット）の店舗（オランダ・アムステルダム）

出所：著者撮影

座と連動した個人間送金も普及している。個人間送金で送られた金銭は、即時にデビットカードで利用できる。

　なお、オランダは街中の小売店が「HIER ALLEEN PINNEN：ハイアー アレン ピネン（デビットカードだけ）」、「PINNEN JA GRAAG：ピネン ジャ ガーグ（デビットカード歓迎）」の看板を掲げ、デビットカードでの決済を奨励している（写真1）。なお、PINNENはデビットカードのことである。アムステルダムの主要な移動手段であるトラムの乗車口にも「HIER ALLEEN PINNEN」のステッカーが貼付されており、デビットカードがいかに普及しているかがよくわかる。

BNPLで購入する商品

　海外でBNPLを利用して購入される商品に特徴はあるのだろうか。

図表12　BNPLを利用して購入されている商品（アメリカ）

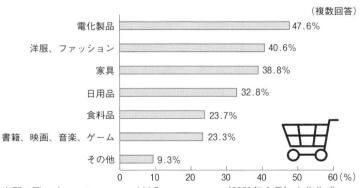

（複数回答）

- 電化製品　47.6%
- 洋服、ファッション　40.6%
- 家具　38.8%
- 日用品　32.8%
- 食料品　23.7%
- 書籍、映画、音楽、ゲーム　23.3%
- その他　9.3%

0　10　20　30　40　50　60（%）

出所：The Ascent surveyed U.S. consumers（2021年3月）より作成

アメリカにおけるBNPLで購入したことのある商品についての
アンケート結果によると、「電化製品」が47.6％と最も多く、「洋
服、ファッション」40.6％、「家具」38.8％、「日用品」32.8％、
「食料品」23.7％、「書籍、映画、音楽、ゲーム」23.3％と続く
（図表12）。

　購入されている商品は多種多様で、特別な傾向もない。BNPL
は、既に、電化製品や家具などの高額商品だけではなく、ファッ
ションや日用品、書籍、音楽、ゲームなどの比較的安価な価格帯
の商品でも利用される普段使いの決済手段として定着していると
考えられる。

▟ BNPLの加盟店

　価格帯を問わず、商品の種類を問わず利用されているBNPLだ
が、加盟店に特徴はあるのだろうか。アメリカにおける大手
BNPL事業者の加盟店を見ると、身近な店舗が並んでおり、
BNPLが既に特別な存在ではないことがわかる。

　私の知っている店舗に限るが、Klarnaの加盟店はadidas（ア
ディダス：スポーツグッズ）、Calvin Klein（カルバン クライ
ン：アパレル）、GUESS Factory（ゲス ファクトリー：アパレ
ル）、H&M（エイチアンドエム：アパレル）、Lenovo（レノボ：
PC）、Macy's（メーシーズ：百貨店）、Nike（ナイキ：スポー
ツグッズ）、Reebok（リーボック：シューズ）、Sephora（セ
フォラ：化粧品）、Tommy Hilfiger（トミー ヒルフィガー：ア
パレル）などがある。

　Afterpayの加盟店はadidas、Forever 21（フォーエバー21：

図表13　アメリカのBNPLの主な加盟店

※著者の知っている企業のみ企業ロゴを掲載
出所：公開情報をもとに著者作成

アパレル）などで、Affirmの加盟店はadidas、Amazon（アマゾン：オンラインショッピングモール）、American Airlines（アメリカン航空）、Best Buy（ベスト バイ：家電）、Delta Vacations（デルタ バケーションズ：旅行）、Expedia Hotels & Vacation packages（エクスペディア ホテルズ アンド パッケージズ：旅行）、Neiman Marcus（ニーマン マーカス：百貨店）、Saks Fifth Avenue（サックス フィフス アベニュー：百貨店）、Nike、Peloton（ペロトン：健康器具）、Walmart（ウォルマート：スーパーマーケット）などがある。

比較的安価な価格帯のファッションブランドから高級百貨店までの有名店が並び、航空会社や旅行代理店などの旅行関連の事業者も目につく。既に、BNPLは業種・業態、商品の種類、規模の大小、高級店か庶民的な店舗かに関係なく利用されているといえよう。

▟ BNPLを導入する加盟店のメリット

ここまで、消費者視点でBNPLを述べてきたが、もう一方のプレイヤーである加盟店視点でBNPLを見てみよう。BNPLは条件によっては消費者から金利や手数料を徴収しないものの、代わりに加盟店からはクレジットカードよりも高い手数料を徴収している。悪い条件にもかかわらず、前述のとおり、既に多くの加盟店がBNPLを導入している。加盟店が高い決済手数料を支払ってでもBNPLを導入したいと考える理由は、次の４点が考えられる。

① 今はゆとりがない（現金、預金がない）消費者の離反防止

今は手元に現金がない、クレジットカードの利用枠がないとい

う消費者であっても、BNPLを利用できれば、商品を購入することができる。機会損失の削減、カート落ち（ECサイトで消費者が商品をカートに入れたものの、商品を買わずにサイトを離脱すること）の削減を狙ったものである。さらにクレジットカードの限度額を心配することなく、また手持ちの現金や預金残高も関係なく、アップセル（ワンランク上の商品を購入する）やクロスセル（関連商品のついで買い）の可能性も高まる。

② クレジットカードを持っていない新規顧客の開拓

クレジットカードを持っていない、使わない消費者でもBNPLを利用できれば、商品を購入する可能性が高まる。さらにクレジットカードの審査が通らない消費者であっても、「取引」を審査するBNPLならば通過する可能性がある。また、クレジットカードを新規で申し込むよりも、BNPLを利用する方が手続きも簡単で、審査結果も即時に判明するため、その場の勢いで商品を購入するかもしれない。「鉄は熱いうちに打て」ということである。

③ オンラインショッピングとの相性のよさ

オンラインショッピングの際に、情報漏えいのリスクを回避するためにクレジットカード番号を入力したくない消費者は多い。BNPLならば、その心配は必要ないため、安心してオンラインショッピングを利用してもらえる。また、携帯電話番号やメールアドレスなど、その場で簡単に入力できる情報だけで利用が可能なため、申込み時の離脱を防止できる。大量の情報を入力している途中で、欲しいという気持ちが冷めてしまうこともあるが、BNPLではその心配はない。さらに、電車やバスでの移動中に欲

しい商品を見つけた場合でも、BNPLであれば、携帯電話番号やメールアドレスなどだけで利用ができる。クレジットカード番号を暗記している消費者はあまりいないし、大衆の面前で財布からクレジットカードを出すのもやりたくはない行動である。

④　入金サイクルの速さ

　加盟店との契約条件次第となるが、一般的に、BNPLの入金サイクルはクレジットカードよりも速い。そのため、手数料がクレジットカードより多少高くても、資金繰りはやりやすくなる。特に中小のECサイトであれば、手持ち資金が少ないため、運転資金がショートしないようにする資金繰りが重要となる。さらに、販売代金の回収の手間や貸倒れリスクはBNPL事業者が負うため、加盟店は販売に注力することができる。

第 2 章

海外で先行するBNPL

1 　多種多様なBNPL

▟ 世界を席巻するBNPL

　BNPLが話題になるとともに、Klarna、Afterpay、Affirmは日本でも著名となったが、欧米豪には他にも特徴的なBNPLが存在している。

　イギリス発のZilch（ジルチ。事例7）は、クレジットカードと共存した今後増加すると思われるモデルである。フランス発のAlma（アルマ。事例8）は欧州におけるKlarnaのライバル候補であり、イタリア初のユニコーンであるScalapay（スカラペイ。事例9）もさらなる成長が期待されている。

　また、BNPLはいわゆる先進国だけではなく、既に途上国を含めて世界中で利用されている。アジアではインドネシアのKredivo（クレディボ。事例10）、ベトナムのFundiin（ファンディン。事例12）、フィリピンのTendoPay（テンドーペイ。事例14）、インドのZestMoney（ゼストマネー。事例15）、またシンガポールを中心にアジア各国に展開するPace（ペース。事例42）やAtome（アトミ。事例43）、ShopBack（ショップバック。事例11）など様々なBNPLが登場し、躍進している。

　アフリカでもナイジェリアのCredpal（クレドパル）、エジプトのSympl（シンプル）、南米でもメキシコのnelo（ネロ）やコロンビアのAddi（アディ）などが、経済成長とともに、日常生活に不可欠な存在となりつつある。

さらに、旅行関連商品向けのFly Now Pay Later（フライ ナ ウ ペイ レイター。事例19）やUplift（アップリフト。事例20）、医療費に特化したPayZen（ペイゼン。事例23）、ペット医療費向けのScratchpay（スクラッチペイ。事例24）、自動車修理などの中小事業者を対象としたWisetack（ワイズタック。事例25）やBumper（バンパー。事例26）など、特定の業種業界、サービスに限定したBNPLも登場。特定の領域に特化することで、消費者の期待に寄り添ったサービスを提供している。また、イギリスのHokodo（ホコドー。事例27）やドイツのBillie（ビリー）など、企業間のBNPLを展開する企業も成長している。

　こういったBNPLの躍進を、クレジットカードブランドや決済事業者、伝統的な銀行は黙って見ているわけではない。自社でBNPLを提供する、もしくは代替サービスを提供することで、消費者の「後払い」ニーズに応えている。

　日本では「BNPLはこれからの決済手段」というイメージもあるかもしれないが、既に、世界中、あらゆる商品とサービスでBNPLは利用され、ベンチャーだけではなく、伝統的な金融機関も参入している。

▚ 3大BNPL

　「北米EC事業トップ1,000社データベース（2021年版）」によると、北米（アメリカ、カナダ）の主要なECサイト1,000社の27.1%が、既にBNPLを導入している。BNPL事業者別の導入状況では、トップ3はAffirm（12.1%）、Afterpay（7.7%）、Klarna（5.1%）で、4位以下を大きく離している（図表14）。

図表14　北米で人気のBNPL（北米EC事業トップ1,000社が採用しているBNPL）

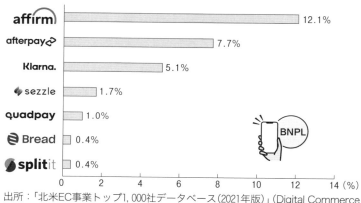

出所：「北米EC事業トップ1,000社データベース（2021年版）」（Digital Commerce 360）より作成

以下、Sezzle（セズル）、Quadpay（クアッドペイ。現・Zip（ジップ））、Bread（ブレッド）、Spilitit（スピリッティット）が続く。まずは、トップ3に名を連ねるBNPLを紹介したい。

事例（1）　Klarna

　Klarnaは、2005年にスウェーデンで設立されたBNPLのパイオニア的な存在である。私が2016年以降参加している世界最大級のFinTech（フィンテック）カンファレンスMoney 20/20のセミナーでも、コロナ禍でのBNPLブーム以前から多くの聴衆を集める注目企業だ。また、欧州最大のFinTech企業であり、銀行フルライセンスを取得したチャレンジャーバンクでもある。既に北欧、アメリカ、オーストラリアなど45カ国に進出しており、2020年に7,800万人だった顧客数は2022年には1億5,000万人と約

写真2　Klarnaの宣伝車（イギリス・ロンドン）

出所：著者撮影

２倍に伸長している。加盟店は45万店舗で、１日の取引件数は200万件にのぼる。

　2019年にはAlipay（アリペイ）と提携し、Alipayが提供するオンラインショッピングモールAliExpress（アリエクスプレス）でBNPLを提供して中国へも進出している。さらに、2021年10月には決済サービス大手Stripeとの提携を発表し、さらなる事業領域の拡大を目指している。

　Klarnaを利用したECでのショッピングの流れは、次のとおりとなる。

① 消費者はECサイトで商品を注文し、決済方法でKlarna
　を選択する。
② 消費者はメールアドレスと郵便番号を入力し、返済方法

を選択する。

③ Klarnaが、即時に与信審査を実施する。

④ 審査通過の場合には、Klarnaが、加盟店に商品の代金から加盟店手数料（トランザクションフィーと固定費）を減じた金額を支払う。

⑤ 加盟店は、消費者に商品を発送する。

⑥ 消費者は、選択した返済方法に従い、商品の代金をKlarnaに支払う。

⑦ 消費者は、延滞した場合には、延滞手数料を支払う。

与信審査では、消費者の職業や年齢、年収などの「人」ではなく、換金性の高い商品を継続して購入していないか、配達先の住所は住宅か、普段と同じIPアドレスからの注文かなどの「取引」を審査している。

返済方法は３種類で、①Pay later in 30 days（30日以内一括払い）という無金利で30日以内に返済するもの、②デビットカー

図表15　Klarna利用の流れ

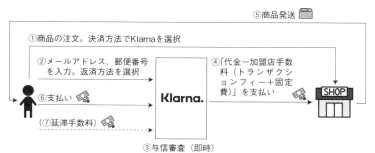

出所：公開情報をもとに著者作成

ドかクレジットカードの登録が必要で、登録したカード経由で請求があるPay in 4という無金利の4回分割払い、③金利がかかるが、Slice It（長期分割払い）という6カ月以上12カ月以内の長期分割払いである。

　ここで、Pay in 4について補足しよう。クレジットカードへの請求を通して支払うのであれば、わざわざKlarnaを利用する必要がないと思うかもしれない。しかし、クレジットカードで分割払いやリボ払いにすると金利が必要となるが、Klarnaを利用すれば無金利で4回の分割払いができる。初回の返済は、商品の購入と同時に代金の4分の1がクレジットカード、もしくはデビットカードに請求され、以降、2週間ごとに4分の1を3回請求されることになる。

事例 ②　Afterpay

　オーストラリアもBNPLが盛んな国で、2014年設立のAfterpayが最も勢いがある。Afterpayは、ニュージーランド、アメリカ、カナダ、イギリス、スペイン、イタリア、フランスにも進出。イギリスでのブランド名はClearpay（クリアーペイ）である。さらに、アジア市場への進出を目指し、インドネシアでBNPLを展開するEmpatKali（エンパットカリ）を買収している。顧客数は世界で2,000万人、加盟店は14万4,000店舗である。

　また、2021年8月、AfterpayがSquare（現・Block）に買収されたことは大きなニュースとなった。Squareは中小店舗向けの決済端末のイメージが強いかもしれないが、アメリカでは3

図表16 Square（現・Block）によるAfterpay買収の狙い

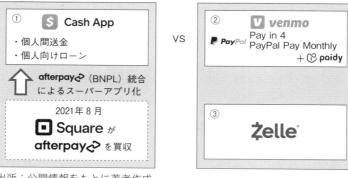

出所：公開情報をもとに著者作成

大個人間送金サービス（Square系のCash App（キャッシュアップ）、PayPal系のVenmo（ベンモ）、アメリカの銀行が共同で展開するZelle（ゼル））の一角を担っており、アメリカでは個人間送金による収益が決済端末の収益を上回る。そのため、本買収は、Cash Appのスーパーアプリ化につながる機能強化を目的としたものと考えられる。

　返済方法は、オーストラリアでは、2週間ごとに返済するPay in 4一択である。なお、返済が2週間ごとなのは、オーストラリアの一般的な給与支給のサイクルが2週間ごとのためである。アメリカのブルーカラーの給与の支払いサイクルも一般に2週間ごとのため、アメリカにおけるBNPLのPay in 4での返済も2週間ごとのものが多い。

　Afterpayを利用したECサイトでのショッピングの流れは、次のとおりとなる。

① 消費者は、ECサイトで商品を注文し、決済方法で
Afterpayを選択する。

② 消費者は、メールアドレス、携帯電話番号、住所、生年
月日、そしてクレジットカードもしくはデビットカードの
情報を入力する。

③ Afterpayは、即時に与信審査を実施する。

④ 審査通過の場合、Afterpayは、加盟店に商品代金から
加盟店手数料（トランザクションフィーと固定費（0.3豪
ドル（約28円））を差し引いた金額を支払う。

⑤ 加盟店は、消費者に商品を発送する。

⑥ 購入時に消費者が登録したクレジットカードもしくはデ

図表17　Afterpay利用の流れ

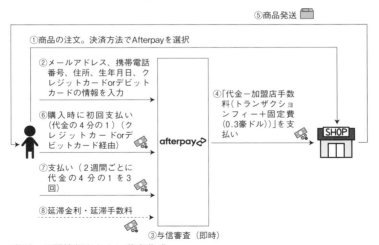

出所：公開情報をもとに著者作成

ビットカードへ商品代金の４分の１が請求される。

⑦　以降、２週間ごとに登録したクレジットカードもしくは
デビットカードへ商品代金の４分の１が請求される。

⑧　消費者は、延滞した場合、延滞金利・延滞手数料を支払
う（１回でも延滞した場合には、以降、Afterpayの利用
はできない）。

また、Afterpayは、オンラインショッピングだけではなく、
オフライン（リアル店舗）でもバーコード決済として利用でき
る。オーストラリアでは、Afterpayだけではなく、Zipなどの
主要なBNPLがオフライン（リアル店舗）にも進出している。

CHECK　Layby

Layby（レイバイ）は、オーストラリアにおける伝統的な
ショッピングでの支払い方法で、「今、お金がなくても、買い物
はしたい」というニーズに応えるものである。頭金と商品代金の
10〜20％程度の手数料を支払うことで、欲しい商品を店舗に取り
置きしてもらい、２週間ごとなど定められた期間ごとに残金を分
割で支払い、商品の代金全額の支払いが完了した時点で商品を受
け取ることができる。

オーストラリアでは、今でも、オフライン（リアル店舗）で家
具などの高額な商品を購入する場合やクリスマスシーズンに利用
され、家電量販店や家具屋、ディスカウントストアなどの店頭に
はLaybyという看板が掲げられている。

図表18　Laybyの流れ

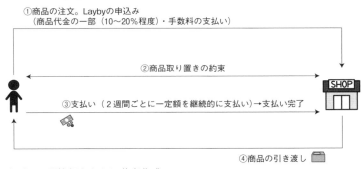

①商品の注文。Laybyの申込み
　（商品代金の一部（10〜20％程度）・手数料の支払い）

②商品取り置きの約束

③支払い（2週間ごとに一定額を継続的に支払い）→支払い完了

SHOP

④商品の引き渡し

出所：公開情報をもとに著者作成

　オーストラリアは世界に先駆けてBNPLが普及している国の1つだが、手元に現金や預金がなくても商品を購入できるという点で、BNPLはLaybyの進化形ともいえる。

　なお、Laybyは日本では割販法に規定されている「前払式割賦販売」に相当する。前払式割賦販売は、指定商品（ミシン、家具など）を引き渡すのに先立って、購入者から2回以上にわたりその代金の全部または一部を受領する割賦販売のことで、「予約式割賦販売」とも呼ばれる。オーストラリアにおけるBNPLの拡がりをかんがみると、日本にもBNPLを受け入れる土壌があるといえる。

事例 ③　Affirm

　2012年にPayPal創業メンバーによりアメリカで設立された、ミレニアル世代、Z世代に人気のBNPLがAffirmである。

　私にとってAffirm は、BNPLというよりは、Cross River

図表19　Affirm利用の流れ

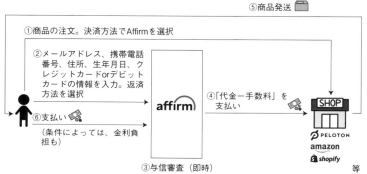

出所：公開情報をもとに著者作成

Bank（クロス リバー バンク）のBaaS（バース：Banking as a Service（バンキング アズ ア サービス）の略）の提供先という印象が強い。そのため、健康器具PelotonのオンラインショッピングにおいてAffirmの利用が拡大し、収益を伸ばして話題となったことは驚きであった。なお、2020年の第3四半期のPelotonの売上の約30％がAffirm経由であったというので、PelotonあってのAffirmともいえる。Affirmはコロナ禍によるオンラインショッピング拡大の恩恵を受けた企業の1つといえるだろう。顧客数は世界で1,400万人、加盟店は23万5,000店舗である。加盟店には、アメリカのAmazonやShopify（ショピファイ）も含まれる。

　Affirmを利用したECサイトでのショッピングの流れは、次のとおりとなる。

　①　消費者は、ECサイトで商品を注文し、決済方法で

Affirmを選択する。

② 消費者は、メールアドレスや携帯電話番号、住所、生年月日、そしてクレジットカードもしくはデビットカードの情報を入力し、返済方法を選択する。

③ Affirmは、即時に与信審査を実施する。

④ 審査通過の場合、Affirmは、加盟店に商品代金から手数料を差し引いた金額を支払う。

⑤ 加盟店は、消費者に商品を発送する。

⑥ 消費者は、条件に従い、Affirmに返済する。

　返済方法選択の際には、返済回数ごとの返済額が表示されるので、消費者は自分の返済可能な金額を判断し、Pay in 4もしくは分割払い（月払い）を選択できる。

　なお、Affirmを利用する際、消費者の金利負担がないわけではない。1,000ドル（約14万円）以上の商品、もしくは返済期間が12カ月以上の場合には、与信審査の結果次第となるが、最大30％の金利を負担しなければならない。BNPLは金利や手数料が不要で消費者にとって素晴らしい「後払い」といわれることもあるが、条件次第である。

2 欧米豪のBNPL

　欧米豪の先進国では、前述の3大BNPL（Klarna、Afterpay、Affirm）だけではなく、様々なBNPLが存在する。3大BNPLに

比べると小規模ではあるものの、競合であるクレジットカードでの返済を前提とするもの、クレジットカードと共存するものなど、特徴的なサービスを展開しているBNPLがあり、また、欧州でのKlarnaの絶対的な基盤に挑戦するBNPLも登場している。

事例 ④ Zip

2013年にオーストラリアで設立されたZipは、既にニュージーランド、イギリス、アメリカなどで展開し、顧客数は世界で1,100万人以上である。オーストラリアでは、Afterpayに続く知名度と顧客数を誇っている。

アメリカでは、ファッションや日用雑貨などを対象とした350ドル（約4万9,000円）から1,000ドル（約14万円）までの少額商品向けの「後払い」のZip Pay（ジップ ペイ）と、バイクや家具などの高額商品を対象とした1,000ドル（約14万円）から5,000ドル（約70万円）まで（特定の加盟店では5万ドル（約700万円）まで）の高額商品向けの「後払い」であるZip Money（ジップ マネー）の2種類のBNPLを提供。返済方法は、返済ごとに最低40ドル（約5,600円）を支払えば、1週間ごと、2週間ごと、毎月など、返済タイミングを選択できる。返済期間は最長48カ月まで設定が可能で、適宜、返済タイミングと回数の変更も可能である。ただし、返済期間中は毎月7.95ドル（約1,113円）の手数料が必要となる。なお、Zip Payは無金利だが、Zip Moneyは加盟店によっては、4カ月目から最大21.9%の年利が発生する場合がある。

オーストラリアのリアル店舗ではAfterpayと同様にコード決

済を提供しているが、既にアメリカでも、KMart（ケーマート）やTarget（ターゲット）のリアル店舗でのコード決済の提供もはじまっている。

　日本との関係では、2021年9月にアメリカのメルカリがZipのBNPLを導入している。

事例 5 　Bread

　Bread Financial Holdings（ブレッド フィナンシャル ホールディングス）が提供するBNPLがBread SplitPay（ブレッド スピリットペイ）である。Bread Financial Holdingsは、2022年3月にAlliance Data Systems Corporation（アライアンス データ システムズ コーポレーション）から名称変更した総合金融サービス企業であり、消費者向けにクレジットカードや預金、融資、貯蓄などを提供している。

　Bread SplitPayは、2週間ごとに4回返済するBNPL（Pay in 4）で、クレジットカードかデビットカードからの返済に限定している。

事例 6 　Splitit

　Splititは、2012年にアメリカで設立された。現在、30カ国以上で展開し、顧客数は世界で40万人以上である。返済方法は、クレジットカード（原則VISA、Mastercard。ただし加盟店によっては、Discover（ディスカバー）、American Express（アメリカン エキスプレス）、Union Pay（ユニオン ペイ）が利用できることもある）での支払いに限定されており、デビットカー

ド経由での利用や銀行振込などの返済方法は提供されていない。

　BNPLはクレジットカードを持っていない、あるいは使わない、使いたくない消費者向けというイメージがあるかもしれないが、Splititはクレジットカード保有者を対象としたBNPLである。そのため、クレジットカードを保有でき、また利用限度額にも余裕がある消費者だけが利用できるため、他のBNPLよりも高額な商品で利用されることが多く、平均購入額は約1,000ドル（約14万円）である。そのため、Splititは「高級品・サービス向けのBNPL」とも呼ばれている。

　返済方法は、購入時にクレジットカードに初回の請求がされ、翌月以降は購入日と毎月同日に請求される。

事例 ⑦　Zilch

　2018年にイギリスで設立されたZilchは、クレジットカードブランドであるMastercardと提携して、無金利、手数料なしのBNPL（Pay in 4）を提供している。顧客数は約200万人である。

　Zilchの加盟店での利用の際には消費者の手数料負担はないが、Mastercard加盟店での利用の場合には2.5ポンド（約420円）の手数料を支払う必要がある。Mastercardとの提携により、Zilchは多くの加盟店を手に入れることができた。消費者にとっても、Mastercard加盟店でもBNPL（Pay in 4）を利用できることで（手数料はかかるものの）買い物の幅が広がっている。

　一般に、BNPLとクレジットカードブランドは競合関係にあるが、ZilchとMastercardの提携は共存事例である。

Almaは、2018年にフランスで設立。スペイン、イタリア、ドイツ、ベルギーに展開し、オランダ、ルクセンブルク、ポルトガル、アイルランド、オーストリアなどの欧州各国への進出も計画中である。オンライン、オフライン（リアル店舗）で利用できるBNPLで、加盟店は欧州で約8,000店舗。欧州ではKlarnaのライバルといえる。

返済方法は、無金利、手数料なしで毎月返済する2回、3回、4回の分割払い、金利は必要となるが、家具や家電などの高額商品に利用できる10カ月、12カ月の分割払い、およびファッションなどの少額商品の購入時に利用しやすい15日後一括払い、30日後一括払いがある。利用者は、購入商品の金額と自分の懐具合に合わせて、返済方法を選択できる。

事例 **9** Scalapay

2019年にイタリアで設立され、ファッションのオンラインショッピングに強みを持つBNPLがScalapayだ。イタリア初のユニコーン企業（創業10年以内の10億ドル以上の評価額がつけられている非上場のベンチャー企業）である。無金利、手数料なしで、返済方法は、14日後一括払い、3回分割払い、4回分割払いから選択できる。

SDGsの環境保護の取組みとして、商品を長く、大切に利用してもらいたいという思いから、2022年にはイギリスの中古市場で注目のベンチャーであるTwig（トゥイッグ）と提携。Scalapayを利用して購入されたドレスやバッグなどの商品につ

いてTwigが価値査定を行い、リユース品として販売した際には
即時に査定金額が入金されるサービスの提供をはじめている。

　Scalapayに限らず、BNPL事業者は生き残りをかけ、他社と
の差別化となるサービスの提供をはじめている。

3 　アジアのBNPL

　アジアの途上国は経済成長が続き、小売市場も伸びている。ま
た、経済成長とともに所得は増加し、「後払い」の与信を与えら
れる消費者も増加している。

　しかしながら、クレジットカードは普及していない。日本にお
ける15才以上のクレジットカード保有率（2021年）は69.7%であ
るのに対して、シンガポールは41.7%、タイは22.6%、フィリピ

図表20　東南アジア各国の銀行口座保有率、クレジットカード保有率等

	シンガポール	インドネシア	タイ	マレーシア
人口（百万人）	4.0	270.2	66.2	32.8
銀行口座保有率*	97.6	51.8	95.6	88.4
デジタル決済利用率*	94.8	37.2	92.0	79.3
クレジットカード保有率*	41.7	1.6	22.6	7.9
デビットカード保有率*	93.5	35.1	63.2	83.3

※人口：シンガポール、インドネシア、フィリピン、ベトナムは2020年時
　2014年時点。カンボジアは2019年時点。
※＊は15才以上の人口に占める割合（%）。2021年時点（ベトナムは2017年
出所：国連"Population and Vital Statistics Report"、外務省HP、世界銀行

ンは8.1%、マレーシアは7.9%、ベトナム、ミャンマー、インドネシア、ラオス、カンボジアは5％以下である（図表20）。つまり、アジアの途上国では、クレジットカードは一般的な消費者の決済手段ではなく、一部の富裕層のものといえる。

　クレジットカードが普及していない途上国では、経済成長とともに消費者の購買意欲も高まり、クレジットカードの普及前に、BNPLがオンラインショッピングだけではなく、オフライン（リアル店舗）も含めて、「後払い」の中心的な役割を担う可能性がある。

　なお、シンガポール発のAtomeとPaceは東南アジア、東アジアで躍進するBNPLだが、2022年に日本にも進出している。今後、アジアでの実績を持つBNPLの日本進出が続く可能性はある。

フィリピン	ベトナム	ミャンマー	カンボジア	ラオス
109.0	97.6	51.5	15.6	7.3
51.4	30.8	47.8	33.4	37.3
43.5	22.7	39.9	26.1	21.3
8.1	4.1	2.0	0.2	1.0
29.8	26.7	25.9	14.7	23.5

点。タイ、マレーシア、ラオスは2021年時点。ミャンマーは

時点）。

資料より作成

事例 ⑩ Kredivo

Kredivoは、2015年に設立された家計簿アプリなどを提供するシンガポールのFinAccel（フィンアクセル）の子会社で、インドネシアでBNPLを提供している。

インドネシアを含めて、東南アジアはBNPLと相性がよい。インドネシアのオンラインショッピング市場は2025年までに530億ドル（約7兆4,200億円）に拡大すると予想されているが、インドネシアの15才以上のクレジットカード保有率は2％に満たない。そのなかで期待されている決済手段がBNPLであり、既存決済事業者やFinTech企業がBNPL市場に参入している。

オンラインショッピングではBNPLが必要不可欠な存在となっており、インドネシアの大手ECサイトTokopedia（トコペディア）では、Kredivo以外にも、Indodana（インドダナ）、HOMECREDIT（ホームクレジット）、大手銀行BRIが提供するCeria（セリア）など、複数のBNPLが導入され、消費者は最も

図表21　Kredivo利用の流れ

出所：公開情報をもとに著者作成

条件のよいBNPLを選択して利用できる。

　Kredivoを利用したECでのショッピングの流れは、次のとおりとなる。

① 　消費者は、ECサイトで商品を注文し、決済方法でKredivoを選択する。
② 　消費者は、2つの返済方法から1つを選択し、指定された必要情報を入力する。
③ 　Kredivoは、与信審査（15分程度）を実施する。
④ 　審査通過の場合、Kredivoは、加盟店に商品の代金から手数料を差し引いた金額を支払う。
⑤ 　加盟店が、消費者に商品を発送する。
⑥ 　消費者は、選択した返済方法に従い、Kredivoに代金を支払う。

　返済方法は、Basic（ベーシック）とPremium（プレミアム）の2種類が用意されている。Basicは金利、手数料なしの30日以内の一括払いで、限度額は350万ルピア（約3万1,150円）である。申込み時には氏名、住所、収入などの基本情報に加え、顔写真とKTP（Kartu Tanda Penduduk：国民ID）のアップロードが必要となる。Premiumでは3カ月、6カ月、12カ月の分割払いが可能となるが、居住証明と収入証明も必要で、300万ルピア（約2万6,700円）以上の年収が利用条件となる。6カ月、12カ月の分割払いの場合には、月2.6％の金利が必要となる。

　返済は、銀行振込かコンビニ払いとなる。インドネシアの銀行

口座保有率は50%程度（前掲・図表20）と高くはなく、ジャカルタ以外の都市では銀行店舗もATMも少ないが、広大な国土の津々浦々まで2万以上の店舗数を展開する東南アジア最大のコンビニIndomaret（インドマレット。写真3）があり、返済に手間をとることはない。

　また、Kredivoはオンラインショッピングだけではなく、マクドナルドやAlfamart（アルファマート：コンビニ）などのオフライン（リアル店舗）でも、バーコード決済として利用できる。Basicであれば、日本でクレジットカードを利用し、無金利、手数料なしの翌月一括払いで返済するのと同じ感覚で利用できる。

　なお、インドネシアでは、ライドシェアのGrab（グラブ）系列のOVO（オボ）やGojek（ゴジェック）系列のGo Pay（ゴー

写真3　Indomaret（コンビニ）の店舗（インドネシア・ジャカルタ）

出所：著者撮影

ペイ）などのコード決済が普及しつつある。それらのコード決済も、スーパーアプリ化へ向けた機能強化の一環として、OVO Paylater（オボ ペイレイター）、GoPaylater（ゴーペイレイター）などのBNPLの提供をはじめている。

2014年にシンガポールで設立されたShopBack（写真4）は、BNPLを展開するHoolah（フーラ）を2021年11月に買収し、オンライン、オフライン（リアル店舗）で、無金利、手数料なしのBNPL（Pay in 3）を提供している。利用にはVISAかMastercardのクレジットカード、デビットカードを持っていることが条件となり、返済も登録したカードで行われる。返済は、購入時に商品の代金の3分の1、以降2カ月間、3分の1ずつカードへの請求となる。利用限度額は、消費者ごとの与信審査の

写真4 ShopBackのアクセプタンスマーク（写真左。シンガポール）

出所：著者撮影

結果次第である。

　マレーシア、タイ、香港にも進出し、顧客は25万人以上、加盟店は2,000店舗以上である。競合であるAtome、Paceは既に日本に進出していることから、ShopBackも東南アジアでのさらなる展開、その先には日本への進出も視野に入れているかもしれない。

事例 (12)　Fundiin

　Fundiinは、2020年にベトナムで設立。無金利、手数料なしのBNPL（Pay in 3）を提供している。

　ベトナムの小売市場は年率7％で成長しているが、ベトナムのクレジットカード保有率は4％程度に過ぎない（前掲・図表20）。そのため、手持ちの資金がない消費者は高額な商品に手が出せず、小売店は販売機会を損失していた。この状況を解決すべく、FundiinはBNPLを立ち上げた。加盟店はファッション、アクセサリー、家具、教育、旅行など250店舗以上で、アライアンスを含めたさらなる加盟店の拡大に注力している。

　Fundiinを利用したECでのショッピングの流れは、次のとおりとなる。

① 　消費者はECサイトで商品を注文し、決済方法でFundiinを選択する。
② 　消費者が、携帯電話番号を入力する。
③ 　Fundiinは、リンクが記載されたSMSを消費者に送付する。

④　消費者は、SMSに記載されたリンク先にアクセスし、IDカードの写真をアップロードする。

⑤　Fundiinは、即時に与信審査を実施する。

⑥　審査通過の場合、Fundiinは、加盟店に商品の代金から手数料を差し引いた金額を支払う。

⑦　加盟店が、消費者に商品を発送する。

⑧　消費者はFundiinに、購入時に商品の代金の３分の１を支払い、30日後、60日後に残りの３分の１ずつを返済する。

　返済は、Viettel Post（ヴィッテル ポスト：郵便局）、コンビニ、銀行、ATMからとなる。

　消費者は、返済遅延などの事故なく返済を継続することで、利用限度額の枠が広がり、より高額な商品を購入しやすくなって、より豊かな生活を送ることができる。たとえば、炊飯器やコー

図表22　Fundiin利用の流れ

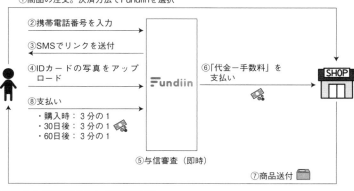

①商品の注文。決済方法でFundiinを選択

②携帯電話番号を入力

③SMSでリンクを送付

④IDカードの写真をアップロード

⑥「代金ー手数料」を支払い

⑧支払い
・購入時：３分の１
・30日後：３分の１
・60日後：３分の１

⑤与信審査（即時）

⑦商品送付

出所：公開情報をもとに著者作成

写真5　Fundiinのアクセプタンスマーク（写真右から2つ目。ベトナム・ホーチミン）

出所：著者撮影

ヒーメーカー、掃除機をFundiinを利用して購入し、きちんと返済を続けることができれば、翌年には利用限度額が上がってバイクを購入できるようになる可能性が高まる。ただしこれは、バブル期以前の日本のように、毎年給与が上昇することが前提ではある。

　返済遅延時に延滞金を徴収するというネガティブなペナルティに加え、きちんと期日どおりに返済することで利用限度額が増えるというインセンティブにより、消費者の返済意思はより強くなると考えられる。

事例⑬　Shopee PayLater

　コロナ禍以前より、東南アジアでもEC市場は成長している。Gojekと合併したTokopedia、アジアのAmazonと称されるLazada（ラザダ）、そして東南アジア最大のテック企業Sea Group（シー　グループ）が運営するShopee（ショッピー）は、

東南アジアの３大オンラインショッピングモールと呼ばれる。Shopee PayLater（ショッピー ペイレイター）は、Shopeeで利用できるBNPLで、無金利、手数料なしの翌月一括払い、手数料1.25％の２カ月、３カ月、６カ月の分割払いを提供している。現在はマレーシアとタイで展開しているが、Shopeeが展開している東南アジア全域、および台湾への進出も視野に入れていると思われる。

　与信審査は、Shopeeでの購入実績や返済履歴などのデータを用いて実施され、マレーシアでの利用限度額は最大3,000リンギット（約９万3,400円）で消費者ごとに設定される。

　自社で保有する豊富なデータを活かした高度な与信審査は他のオンラインショッピングモールでも可能だ。BNPLは売上向上にも貢献するため、LazadaはLazPayLater（ラズペイレイター）、Tokopediaは合併先のGojekが提供していたGoPaylaterを導入している。

　南アジアでも、パキスタン、バングラデシュ、スリランカ、ネパール、ミャンマーに展開する南アジア最大のオンラインショッピングモールDaraz（ダラズ）がスリランカでKoko（ココ）という無金利、手数料なしの３回分割払いのBNPL（Pay in 3）の提供を開始。さらに、パキスタン、バングラデシュでの展開も予定している。

事例 (14)　TendoPay

　TendoPayは、2018年にフィリピンで設立された。オンライン、オフライン（リアル店舗）で利用できるBNPLを提供してい

る。与信審査結果に応じた金利が必要となるが、２〜24回の分割払いを提供している。申込み時には、国民IDなどの公的書類と直近の収入証明が必要となる。銀行口座の登録は不要で、返済はGCash（ジーキャッシュ）やGrabPay（グラブペイ）などのモバイルウォレットまたはセブン-イレブンなどの店頭で行うことになる。

　加盟店は多岐にわたり、Lazadaなどのオンラインショッピングモールをはじめとして、セブン-イレブンの店舗でも利用できる。

事例 15　ZestMoney

　2016年、インドで設立されたZestMoneyは、ITを活用した消費者金融サービスを提供。オンラインとオフライン（リアル店舗）で利用できるBNPLも提供している。

　インドでは信用履歴が不十分なためにクレジットカードや正式な融資を利用できない世帯が３億世帯以上あるといわれ、ZestMoneyはITを活用した金融包摂の実現を目指している。

　BNPLは、無金利、手数料なしのPay in 3に加え、金利が必要となる場合もあるが、３カ月、６カ月、９カ月、12カ月の分割払いも可能である。BNPLの顧客は1,700万人以上、加盟店はオンライン約１万店舗、オフライン（リアル店舗）約７万5,000店舗である。

　利用条件は、18才から65才で、銀行口座を開設していること、そしてPANカード(PERMANENT ACCOUNT NUMBER Card（パーマメントアカウントナンバーカード：納税者番号カー

ド）、Aadhaarカード（アドハーカード：国民識別番号カード）
を保有していることである。

Pathao Paylater

　2015年にバングラデシュで設立されたPathao（パタオ）は、
南アジアで展開するライドシェア、デリバリーサービスである。
フードデリバリーの支払いに、Pathao Paylaterとして、無金
利、手数料なしの翌月一括払いを導入し、消費者の利便性を向上
させている。

　東南アジアや南アジアの途上国ではクレジットカードをはじめ
とした「後払い」手段を持たない消費者が多いため、フードデリ
バリーを含めた少額の日用生活品にもBNPLは利用されはじめて
いる。

　特にデリバリーサービスの場合には、商品は玄関前に置いてお

写真6　Pathaoのドライバー（ネパール・カトマンズ）

出所：著者撮影

いてもらえばよいが、代金を支払うためには対面で会う必要がある。コロナ禍、またコロナ収束後であっても、きちんとした服装でない、化粧をしていないなどの理由で対面を避けたい時はあるだろう。国を問わず、デリバリーサービスでのBNPLは有効と思われる。

4　日本発の海外のBNPL

　日本のBNPLも、アジアをはじめとした海外に進出している。既にPaidyとネットプロテクションズは台湾に進出。ネットプロテクションズはベトナムへの進出も発表している。

　今後、日本の高度な与信ノウハウを活用して、アジアを中心にアフリカ、南米などの途上国に進出する企業の登場が期待される。

事例 17　AFTEE

　ネットプロテクションズは、日本国内で得た知見を活かし、2018年より、台湾でAFTEE（アフテー）というブランドのBNPLの展開をしている。

　クレジットカードや事前の会員登録は不要で、携帯電話番号を用いたSMS認証のみで利用が可能である。金利や手数料の負担はなく、無料で利用でき、商品発送後にSMSで送られてくる請求書を用いて、受領後14日以内にコンビニやATMで返済する。また、アプリをインストールすると、30日以内であれば複数の注

文をまとめて支払えるようになる。

　加盟店手数料は、商品代金の2.9%に10台湾元（約45円）を加えた金額となっており、PChome 24h購物などのオンラインショッピングモールで導入されている。

　ネットプロテクションズは、2021年、イギリスのキャリア決済事業者で90カ国以上に展開するBoku（ボク）との提携も発表しており、台湾、さらには日本でも返済方法の多様化が進む可能性がある。

事例 ⑱　HAKKI

　2019年、日本で設立されたHAKKI（ハッキ）は、子会社HAKKI AFRICA（ハッキ アフリカ）をケニアで設立し、タクシードライバー向けに中古車のBNPLを提供している。

　モバイルマネーM-PESA（エムペサ）の利用履歴、タクシーの売上、タクシーサービスアプリの評価、GPS追跡、ドライブレコーダーなどのデータで独自の信用スコアリングを構築して与信審査を実施し、タクシードライバーになりたい人々に中古車を購入できる機会を提供している。なお、返済もM-PESAを利用する。

　HAKKIは、ケニアをはじめとしたアフリカ諸国でチャレンジャーバンクの設立を目指しており、ケニアでのタクシードライバー向けのBNPLはその足掛かりのようである。

　BNPLから話はそれるが、フィリピンなどでもIoTを活用した自動車向け融資を展開する日本発のFinTech企業Global Mobility Service（グローバルモビリティサービス）が躍進し

ている。途上国では自動車は一般消費者にとってまだまだ高嶺の花であり、BNPLを含めた従来とは異なる販売方法が期待されている。

5 旅行業界向けのBNPL

ここまで、物販のBNPLを中心に紹介してきたが、BNPLは物販だけではなく、サービスにも展開している。特に、旅行業界はBNPLと相性がよい。

なぜなら、旅行商品は比較的高額で、利用者は富裕層やリピーターが多く、優良顧客が多い。そのため、貸倒れリスクは比較的低い。また、航空券やホテルはダイナミックプライシング（変動料金）である。手元に資金がなくても、BNPLを利用することで、安いタイミングで航空券などを購入できるメリットは大きい。

私自身、学生時代には、航空券販売サイトで見つけた安値の航空券を、手元に資金がないために一旦諦め、翌日にお金を調達して申し込もうとした時には価格が上がっていたという苦い経験が何度かある。BNPLを利用できれば、このような後悔をすることもなくなるはずだ。

事例 19 Fly Now Pay Later

2015年にイギリスで設立されたFly Now Pay Laterは、会社名のとおり、「今（飛行機で）飛んで、後で支払う」ことができ

る、100〜3,000ポンド（約1万6,800〜50万4,000円）の旅行関連商品のBNPLを提供。ドイツ、アメリカにも進出している。

　返済方法は、翌月一括払い、6カ月、12カ月の分割払いを選択できる。金利、手数料は、加盟店や、購入する航空券などの商品ごとに異なる。

　旅行関連商品に特化することで、年齢や勤務先、年収などの基本情報に加えて「旅の行動履歴」を収集できるため、消費者ごとに適した価格帯の旅行プランを提案し、リピーターを増やしている。

事例 **20** **Uplift**

　Upliftは、2015年にアメリカで設立。航空券やホテルなどの旅行関連商品に特化したBNPLを提供している。固定金利（年利12.0%）で、自分の返済できる金額を考慮した返済期間を選択できる。

　航空会社ではAir Canada（エア カナダ）、Alaska Airlines（アラスカ航空）、United Airlines（ユナイテッド航空）などで導入されている（図表23）。

　なお、Delta Air Lines（デルタ航空）はAmerican Express、American AirlinesはAffirmのBNPLを導入しており、既にアメリカでは航空券をBNPLで購入することが当たり前となっているのかもしれない。

図表23　Upliftを利用できる航空会社

出所：Uplift HP

事例 (21)　Traveloka PayLater

　東南アジア全域に展開するOTA（Online Travel Agent：オンライントラベルエージェント）大手のTraveloka（トラベロカ）は、自社で取り扱う旅行商品の購入の際に利用できるTraveloka PayLater（トラベロカ ペイレイター）というBNPLをインドネシアで提供している。

　与信審査に要する時間は最大１営業日で、利用可能額は消費者ごとの与信審査次第となるが、最大5,000万ルピア（約44万5,000円）である。返済方法は、翌月１回払い、もしくは12回までの分割払いを選択できる。ホテルのデポジットでも利用できるため、クレジットカードを持っていない消費者にとって使い勝手

がよい。

ベトナムのLCC（エルシーシー：格安航空会社）である
VietJet Air（ベトジェット エア）は、決済アプリのMOVI（モ
ビ）と共同で、Fly now pay later（フライ ナウ ペイ レイ
ター）というVietJet Airの航空券購入専用のBNPLを提供して
いる。

無金利、手数料なしで、返済方法は翌月一括払いと 6 カ月まで
の分割払いから選択できる。与信審査に要する時間は、 3 分程度
である。

なお、Fly now pay laterは、The Global Economics（ザ
グローバルエコノミクス）が選定するBest New Fintech
Product 2022（ベストニューフィンテックプロダクト2022）を
受賞している。

6 特化型のBNPL

旅行関連商品以外にも、医療費向けなど、特定の業界にフォー
カスしたBNPLも登場しており、「○○ Now Pay Later（○
NPL）」と呼ばれている（ただ、「後払い」であれば何でもよい
という印象があり、BNPLの流行に便乗しているように感じるの
も事実である）。

また、消費者向けではなく、企業向けのBNPLも登場してい

る。今後は競争が激化しつつある消費者向けのBNPLよりも、企業向けのBNPLに成長の余地を感じる。

事例 (23) PayZen

PayZenは、2019年にアメリカで設立。医療費に特化したCNPL、もしくはCare Now Pay Later（ケア ナウ ペイ レイター：今治療して、後で支払う）と呼ばれるBNPLを提供している。

アメリカの医療費は高騰していることから、それに伴う自己負担額も増加している。PayZenによると、アメリカ人の40%が緊急時に400ドル（約５万6,000円）を支払うにあたっては、借入れが必要だという。

PayZenを利用すれば、手元資金に余裕がない患者であっても、まずは治療を受けることができる。医療機関は、医療費から手数料を差し引いた金額をPayZenから受け取る。患者は、３カ月から60カ月の期間をかけて、自分が返済可能な金額の範囲で返済を行う。通常、１カ月当りの返済額は25〜100ドル（約3,500〜１万4,000円）とされることが多いという。患者の金利・手数料の負担はない。

医療機関にとっても、PayZenのメリットは大きい。患者への医療費請求業務から解放され、事務コストを削減できるからだ。そこで浮いたコストで、PayZenに支払う手数料に相当する金額は充当できる。PayZenの導入により、医療費の回収率が23%向上した医療機関もあるという。患者、医療機関の双方にとって、メリットがあるといえる。

図表24　PayZen利用の流れ

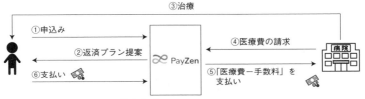

出所：公開情報をもとに著者作成

　アメリカは、日本のように全ての国民が公的医療保険に加入している国民皆保険制度ではない。65才以上の高齢者と障がい者が加入するメディケアと、低所得者が加入するメディケイドはあるものの、この2つの制度の対象外の場合は民間医療保険に加入する必要がある。当然、高額な保険料を支払えない者が一定数存在し、医療保険未加入者も多い。

　また、医療保険に加入していても、PayZenを利用したいと思う人はいるだろう。保険金が支払われる前に、一旦医療費を自己負担で医療機関に支払う必要があるためである。

　ケガや病気のリスクは誰でも共通に持っている。今後、CNPLのマーケットの拡がりには注目すべきであろう。

事例 24　Scratchpay

　ペット医療費に特化したBNPLを提供するScratchpayは、2016年にアメリカで設立された。

　無金利、手数料なしのTake 5（テイク5）という2週間ごとに5分の1ずつ返済するものと、与信審査結果に応じて金利は必要となるが、Take a Year（テイク ア イヤー）、Take 2

写真7　愛犬マル

出所：著者撮影

Years（テイク　2イヤーズ）という、それぞれ毎月12分の1、24分の1を返済するBNPLを提供している。与信審査は、90秒以内に行われる。

　ペットにもケガや病気のリスクはある。私自身、愛犬の医療費が想像以上に高額であることに驚いた経験がある。もしもの時を考えると、ペット保険への加入に加え、ScratchpayのようなBNPLがあれば、安心してペットを飼うことができるだろう。

事例 25　Wisetack

　Wisetackは、2018年にアメリカで設立され、リフォームや家電修理、自動車修理、医療機関、歯科医、獣医、法律サービスなどの中小の事業者を加盟店とするBNPLを提供している。中小の事業者の場合は、大手のBNPLの加盟店審査を通過しないこともあるが、Wisetackであれば通過しやすい。中小の事業者にとっては、BNPLを導入することで消費者の返済方法の選択肢が増え、売上の向上が期待できる。

利用金額は500〜2,500ドル（約7万〜35万円）で、加盟店の業種や業態により異なるが、返済方法は3〜60カ月の分割払いを選択できる。金利は与信審査結果次第となるが、年利0〜29％である。

Bumper

2013年にイギリスで設立されたBumperは、自動車の修理やサービスなどのBNPLのリーディングカンパニーである。独自のAIを活用して数分以内に与信審査結果を通知し、自動車のアフターサービスの分割払いを実現。イギリスに加えてアイルランドにも進出しており、他の欧州諸国への展開も検討している。

欧州における自動車の修理やサービス等のアフターセールス市場は約15兆円（うちイギリスは約3兆円）といわれ、今後も成長が見込まれている。Bumperは2,600以上のフランチャイズディーラー、700以上の整備工場、主要な自動車ブランドと提携しており、15万人以上のドライバーに利用されている。

写真8 BumperのBNPLサービス画面（イメージ）

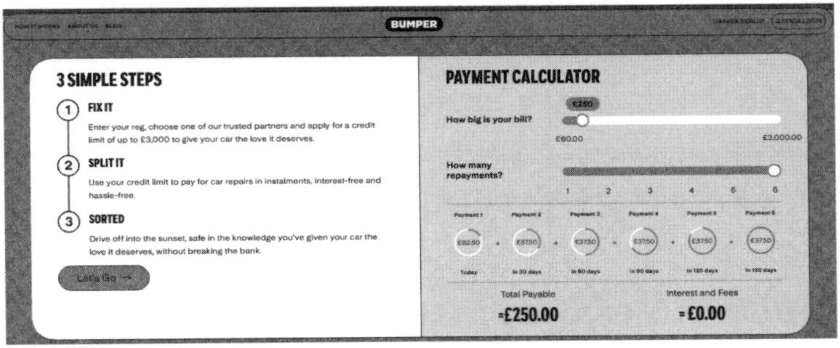

出所：伊藤忠商事プレスリリース

2022年３月に伊藤忠商事が出資を発表したが、今後、有力な
BNPLに対して日本企業の出資が増えることも予想される。

事例 (27) Hokodo

Hokodoは、2018年にイギリスで設立。企業向け（Ｂ２Ｂ）の
BNPLを提供している。既に、ドイツ、ベルギー、フランス、オ
ランダ、スペインにも進出している。

与信審査は、企業名と住所で行う。与信審査結果に応じて、金
利、返済期限（30日後、60日後、90日後）を通知する。

企業向けのBNPLは、ドイツのBillie、アメリカのResolve
（リゾルブ）など、参入企業が増えており、今後注目すべき領域
である。

7 クレジットカードブランドの対応

ここまで様々なBNPLの台頭を見てきたが、競合となる伝統的
な「後払い」を提供するクレジットカードブランドも、これを
黙って見ているわけではない。

Mastercard、VISA、American Expressは、自社でBNPL
を提供。Discoverは、Sezzleに3,000万ドル（約36億円・当時）
を出資し、関係を強化している。

事例 (28) Mastercard

Mastercardは、2021年に、Mastercard Installments（マ

スターカード インストールメント）を発表し、BNPLへ参入している。

　Mastercard Installmentsは、無金利、手数料なしのBNPL（Pay in 4）である。Mastercardが消費者に直接サービスを提供するのではなく、Mastercardのパートナーである銀行やその他金融機関、FinTech企業にBNPLの機能を提供し、パートナーが消費者にBNPLを提供する仕組みとなっている。

　既に、アメリカのBarclays（バークレイズ）、Synchrony（シンクロニー）、SoFi（ソーファイ）、Latitude（ラチチュード）、シンガポールのDBS Bank（デービーエス バンク）などと提携している。

事例 ㉙　VISA

　VISAは、2019年に、アメリカ、カナダ、オーストラリア、マレーシア、ロシアでパイロット版のBNPLを導入。2021年に、BNPLであるVisa Installments（ビザ インストールメント）の提供を開始した。パートナー企業向けに、API（アプリケーション・プログラミング・インターフェース：機能やデータ等を他のアプリケーションから呼び出して利用するための接続仕様・仕組み）をウェブサイトで公開し、利用できるようにしている。

　VISAが2021年9月に実施した世界的調査では、消費者の43%が既存のクレジットカードまたは申込み可能なクレジットカードで提供される分割払いに興味を示したという。VISAは既にKlarna等のBNPL事業者と提携しているが、Visa Installmentsの展開はそれを補完するものと位置付けられる。

American Express

2017年、American Expressは、BNPLとしてPlan It（プラン イット）の提供を開始した。100ドル（約1万4,000円）以上の商品やサービスの支払いであれば、American Expressの会員用サイトで、3〜24回の分割払いに変更できる。

8 | 決済サービス事業者の対応

クレジットカードブランドと同様に、決済サービス事業者によるBNPLへの参入もはじまっている。

事例 **31** **PayPal**

PayPalは、アメリカでPay in 4のニーズが高いという調査結果を受け、2020年に無金利、手数料なしで、利用額30〜600ドル（約4,200〜8万4,000円）のBNPL（Pay in 4）の提供を開始している。

さらに、2022年6月からは、金利を徴収する利用額199〜1万ドル（約2万7,860〜140万円）、返済回数を6カ月、12カ月、24カ月から選択できる分割払いの提供も開始した。

なお、PayPalが2021年に日本のBNPLであるPaidyを買収したのは、日本におけるサービス強化で存在感を高めるとともに、アジア市場への進出を視野に入れたものと考えられる。

Apple Pay

Apple Payは、2022年6月に無金利、手数料なしのBNPL（Pay in 4）のApple Pay Later（アップル ペイ レイター）の計画を発表した。信用情報とともにフェアアイザック社が提供する「FICOスコア」で審査を行い、Apple IDで本人確認を行う。Apple Payに登録されたデビットカードやクレジットカードからの返済となる。

なお、この発表を受け、アメリカのBNPL各社の株価は一時大幅な下落をした。PayPalの2022年6月からのサービス拡充も、Apple Pay Laterの発表を受けたものと考えられ、BNPL業界ではインパクトのあるニュースであったといえよう。

Amazon Pay

Amazon Pay（アマゾン ペイ）も、2020年からインドで、1カ月、3カ月、6カ月、9カ月、12カ月の分割払いができるAmazon Pay Later（アマゾン ペイ レイター）を提供している。顧客数は200万人を超える。

Amazonは、アメリカではAffirm、日本ではPaidyを導入しているが、将来的には自社でBNPLを提供することも考えられる。

9 　伝統的な銀行の対応

アメリカのCapital One（キャピタル ワン）が一時的にBNPLの返済手段として自社のカードの登録を禁止するなど、伝

統的な銀行はBNPLには否定的な立場をとっていたが、BNPLに対抗すべく、BNPLを含めた様々な「後払い」オプションの導入をはじめている。BNPLの躍進を目の当たりにして、看過できなくなったのだろう。

　また、クレジットカードにおけるリボ払いのデメリットである金利負担を意識させない工夫をした返済方法もはじまっている。

事例 (34)　JPMorgan Chase Bank

　アメリカの４大銀行の一角を占めるJPMorgan Chase Bank（JPモルガン・チェース銀行）は、100ドル（約１万4,000円）以上の商品の購入に対し、無金利の分割払いができるMY CHASE PLAN（マイ チェイス プラン）を提供している。ただし、月額固定費が必要となる。

　アプリで分割払いしたい利用明細を選択すると、返済回数ごと

図表25　JPMorgan Chase BankのMY CHASE PLAN

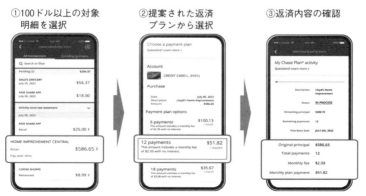

①100ドル以上の対象
　明細を選択

②提案された返済
　プランから選択

③返済内容の確認

出所：JPMorgan Chase Bank HPより著者が加工編集

に返済額と手数料が表示されるので、自分が支払い可能な金額の返済回数を選択する。American ExpressのPlan Itと同様の方式である。

事例 （35） **Santander Bank**

　スペインの大手銀行で、世界各国に展開するSantander Bank（サンタンデール銀行）は2022年１月にドイツで、無金利、手数料なしの14日以内の支払い、もしくは３回払いのBNPLであるZinia（ジニア）の提供をはじめた。

　生年月日と携帯電話番号を入力するだけで、数秒で与信審査が完了する。３回払いの場合は14日以内に代金の３分の１を返済し、以降30日ごとに３分の１ずつ２回返済することになる。

　ドイツでは既に200万人の顧客を獲得するなど成功を収めているため、オランダなどの欧州諸国、さらにはアメリカなどの

写真９　Santander Bankの店舗（スペイン・バルセロナ）

出所：著者撮影

Santander Bankの展開国への進出を予定している。

事例 (36) National Australia Bank

オーストラリアで最大の資産を持つNational Australia Bank（ナショナルオーストラリア銀行）は、VISAと提携し、世界初となるサブスク（サブスクリプションの略。定額の料金を支払い製品やサービスを利用すること）形式のクレジットカードであるStraightUp（ストレートアップ）を発行している。月額最大20豪ドル（約1,900円）の手数料を支払えば、リボ払いの金利、手数料は不要となる。

リボ払いは、毎月返済する金額の内訳がわかりにくく、元本の返済額がいくらで、金利や手数料はいくらなのか、わからない人は正直少なくないだろう（返済明細を見れば明記されているが、見る機会は少ない）。StraightUpを利用して、サブスクのように決まった一定額を支払えば、（金利や手数料がリボ払いとほぼ同額であっても）不明瞭さが解消され、消費者の納得感は高まるはずである。

National Australia Bankは、さらに、2022年7月にNAB Now Pay Later（エヌエービー ナウ ペイ レイター）を発表している。無金利、手数料なしのBNPL（Pay in 4）で、VISAのオンライン、オフライン（リアル店舗）の加盟店で利用できる。

事例 (37) Commonwealth Bank

Commonwealth Bank（コモンウェルス銀行）は、Klarnaと提携し、大手銀行としては初となる最高1,000豪ドル（約9万

4,000円）のBNPL（Pay in 4）を提供している。

　銀行とBNPLの提携は世界各国ではじまっており、Commonwealth Bank 以外でも、2022年７月にはDeutsche Bank（ドイツ銀行）がオーストラリアのCredi 2（クレディ 2）と共同でBNPLの提供を計画していることを発表している。

事例 **38** **DBS Bank**

　シンガポールの大手銀行であり、世界一のデジタルバンクとも称されるDBS Bank（ディービーエス銀行）は、2022年３月にシンガポールで、MastercardとインドのPine Labs（パイン ラボ）と共同で、Mastercard Installments with Pine Labs（マスターカード インストールメント ウィズ パイン ラボ）を導入している。

　DBS Bank、および子会社のPOSB（ピーオーエスビー）の

写真10　DBS Bankの店舗（シンガポール）

出所：著者撮影

クレジットカード保有者は、無金利、手数料なしのBNPL（Pay in 4）を利用できる。なお、Mastercardだけではなく、VISA、American Expressのブランドでも、DBS Bank、POSBが発行したクレジットカードであれば、BNPLの利用ができる。今後、インドネシア、香港にも進出予定である。

事例 ⑨ Kumari Bank

　Kumari Bank（クマリバンク）はFoneloan-Buy Now Pay Later（フォンローンバイ ナウ ペイ レイター）というBNPLを提供している。利用限度額は１万5,000〜20万ネパールルピー（約１万5,000〜20万円）で、12カ月までの分割払いである。

写真11　Kumari Bankの店舗（ネパール・カトマンズ）

出所：著者撮影

Foneloan-Buy Now Pay Laterを利用するには、専用アプリのダウンロードが必要で、Kumari Bankの口座を給与振込口座に指定していることが条件となる。与信審査のうえ、利用者ごとに利用限度額が決定される。与信審査では、平均給与、預金残高、入出金の状況、給与と預金の継続性と動向、および既存・現在の借入金額と返済履歴など、給与振込口座の指定により把握できるデータを利用している。

ネパールに70万店舗以上あるFonepay QR加盟店の商品・サービスで利用でき、QRコードを読み込んで、決済方法でFoneloan-Buy Now Pay Laterを指定、返済回数を選択する流れである。

なお、Kumariは、ネパールに住む生きた女神のことを指す。残念ながら私はお目にかかったことがないが、現在でもカトマンズにはKumariの化身として崇拝される少女が住む館が存在する。

10 海外のBNPLの今後

海外の代表的なBNPLの事例を紹介してきたが、日本に住む私たちにとって、海外のBNPLが特別に新しいモデルと感じないという方もいるだろう。ただし、BNPLは、オンラインショッピングと相性のよい決済手段である。また、AIの進化に伴って従来とは異なる与信審査が可能となったため、「後払い」の敷居を下げた、より多くの消費者が利用できる「後払い」という見方ができる。少し詳細に述べよう。

① クレジットカードの代替となるオンラインショッピングでの
決済手段

　第1章で述べたとおり、欧州主要国のキャッシュレス決済の中心は、クレジットカードではなく、デビットカードである。また、東南アジアなどの途上国ではクレジットカードは普及していない。そのため、BNPLは、オンラインショッピングの際の主要な決済手段としての地位を確立している。またオンラインショッピングの際には、セキュリティの観点からクレジットカード番号を入力したくない、商品が到着して確認した後に支払いたいというニーズがある。クレジットカードを持っていたとしても、クレジットカード番号を入力する必要がない、商品確認後に支払いができるBNPLはオンラインショッピングで使い勝手がよい。

② クレジットカードとは別のサイフ

　海外のクレジットカードの返済方法はリボ払いが中心であり、消費者は金利や手数料を負担しなければならない。BNPLは、分割払いであっても一定期間内での返済であれば、金利や手数料の負担はない。また、クレジットカードの利用限度額以上の買い物をしたい場合でも、BNPLであれば購入できるかもしれない。さらに、返済回数も取引ごとに決定できる。翌月にまとまったお金が入るのならば翌月一括払い、毎月100ドルしか払えないのであれば、それに応じた返済期間を選択できる。このように、ライフプランやマネープランに応じて返済方法を選択できるBNPLは、クレジットカードを持っていても、利用する価値のある決済手段である。

③ 与信審査の進化

　携帯電話番号やメールアドレスなどの簡易な情報だけで、リアルタイムで与信審査が行われて結果が判明するBNPLは、いつでもどこでも気軽に利用できる決済手段である。また、過去に支払い遅延などの事故を起こしている場合や年収が低いなどの理由でクレジットカードの審査が通らない場合でも、「取引」を審査するBNPLならば審査に通ることがある。BNPLは、今までクレジットカードを利用できなかった消費者にも「後払い」という決済手段を提供しているのである。

　しかし、BNPLには、過剰融資や多重債務者を増加させるリスクがあることを忘れてはならない。特に東南アジアなどの途上国では、日本の指定信用情報機関であるCIC（CREDIT INFORMATION CENTER）やJICC（Japan Credit Information Reference Center Corp.）に相当する組織は存在しない、もしくは存在するが実質的には機能していない。そのため、個社ごとの与信審査が重要となる。当然、欧米豪などの先進国でも、BNPLの肝は与信審査である。

⯈ デジタル社会の進展

　オンラインショッピング、そしてデジタル社会と相性がよいBNPLは今後も確実に成長する。

　eコマースでの決済におけるBNPLの利用率は、2021年から2025年にかけて、世界規模で3％から5％へ増加すると予想されている（図表26）。地域別で見ても、北米では4％から9％に、欧州では8％から12％に拡大するとされている。

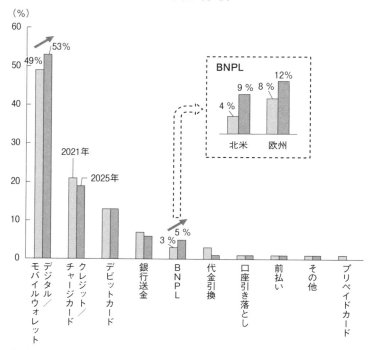

図表26　世界のeコマース決済手段（予想）

出所：Worldpay "The Global Payment Report2022" より作成

　なお、決済手段別で成長しているのは、BNPLと、デジタル／モバイルウォレット（49%→53%）だけであり、決済の領域もデジタル化に向かっているといえる。

✂ 地域別のBNPL

　BNPLは日常生活に密着するサービスであり、国や地域の歴史、文化・習慣などに影響を受けるが、先進国、途上国を問わ

ず、どの地域でもBNPLは成長し、今後も期待される決済手段である。

　特に、東南アジアの途上国での成長は期待できる。東南アジアは、経済成長に比べ、「後払い」であるクレジットカードの普及が遅れている。また、オンラインショッピングの拡大、経済成長とともに「後払い」の信用を与えることのできる消費者も増加している。そのため、クレジットカードの普及前に、BNPLが「後払い」の中心的な役割を担う可能性がある。当然そのなかには、オフライン（リアル店舗）での利用も含まれる。

　前述のとおり、欧州の主要国ではキャッシュレス決済の中心はデビットカードであり、クレジットカードの保有率、利用率は低い。そのため、BNPLは特にオンラインショッピングの主要な決済手段としての地位を確立しており、今後も継続すると思われる。

　オーストラリアでも、BNPLは「後払い」としての地位を既に確立しているため、継続した成長が期待できる。

　それでは、アメリカではどうか。BNPLはアメリカでも成長する可能性は高いものの、Klarna、Afterpayといった海外勢が参入し、Affirmをはじめとしたアメリカローカル企業もあるため、BNPLの競争は激化している。加えて、信用度が劣る消費者の利用も増加していることから、BNPLブームを2007年のサブプライムローン問題（アメリカの低所得者向け高金利の住宅ローンの焦げ付きに端を発した世界を巻き込んだ金融危機のこと）の再来と懸念する声も聞こえはじめている。なお、この懸念はアメリカだけでのものではない。

▶ BNPLに逆風

　BNPLの成長へ期待する半面、BNPLにはリスクが潜んでいるのも事実である。BNPLが流行する国々では、批判的な声が目立ちはじめている。

　アメリカでは、BNPL利用者の40％近くが1回は返済を延滞し、そのうちの72％はクレジットスコアが低下。クレジットスコアの低下により、金融サービスである住宅ローンの利用やクレジットカードの加入が難しくなる消費者が増加している。クレジットスコア低下の影響は金融サービス以外にもおよび、就職も不利になり、アパートの部屋を借りることさえも難しくなって、日常生活が一変してしまった例もある。

　これらBNPLに対する世間の批判の声を受け、消費者金融保護局（CFPB）は大手BNPL5社（Klarna、Afterpay、Affirm、PayPal、Zip）に対して実態調査を実施。2022年9月に公表した報告書では、脆弱な消費者保護、利用者データの収集・収益化や過剰融資などのリスクが指摘されており、規制策定の方針が示されている。

　オーストラリアでは、BNPLが全国消費者信用保護法（National Consumer Credit Protection Act 2009）の対象ではないこと、またBNPL事業者が、貸金業を営む事業者が取得すべきクレジットライセンスを保持する必要がないことが問題視されはじめている。またBNPL利用者の6人に1人が超過引き出し、支払い遅延、追加の借入れを行っていることから、BNPLの与信審査自体に問題があるともいわれている。

イギリスでも、BNPL利用者の26%が割引やキャンペーンに誘導され、BNPLの内容やリスクを理解せず、申込みを行っているという事実が明らかになっている。返済を延滞すると債権回収会社に債権が譲渡されることや信用情報に傷がつくことは説明されていないため、特に若い世代が気軽にBNPLに申し込んでしまい、多重債務などの問題を抱えるに至るケースも増えている。そのため、金融行為規制機構（FCA）がBNPL事業者へ厳しい取り立てを禁止するなど、消費者信用法の改正を見据えている。

▚ 規制強化は必至か

BNPLが流行する国々ではこれらの批判的な声を受け、BNPLのリスクを回避すべく、規制を強化しはじめている。

2020年7月には、スウェーデンで「新決済サービス法」が施行された。消費者の負債とならない即時払いのデビットカードや前払いのSwishなどの決済手段をECサイトの決済画面で最初に提示しなければならないこと、ECサイトの決済手段がBNPLだけではなく、クレジットカードなど他の決済手段とともに選択肢の1つとして提示することを定めている。

オーストラリアでは、2021年3月に、Klarna、Afterpay、Zip、Brighte（ブライト）、Humm Group（ハム グループ）、Latitude、Openpay（オープンペイ）、Payright（ペイライト）の大手8社が加入するオーストラリア金融業協会（Australian Finance Industry Association）が業界標準ルール（BNPL Code）を制定し、消費者の使い過ぎの防止や延滞からの救済などを定めている。

イギリスの金融行為規制機構（FCA）は、2022年2月、大手BNPL事業者4社（Klarna、Openpay、Laybuy（レイバイ）、Clearpay）に対して、消費者に損害を与える恐れのある規約の改定を促したと発表した。契約の取消しなどの不明瞭な規定を公正でわかりやすいものに改定すること、条件によっては延滞金を科した消費者への自主返金を指示している。

今後も世界中で、BNPLに対する実態調査、そして改善指示は出されると予想する。その結果、BNPLの勢いが停滞する可能性があることは無視できない。

▌ BNPLの競争激化への対応

オンラインショッピングの成長とともに、BNPLは新規参入が相次ぎ、競争は激化している。一般に、BNPLは、サービス面（金利、返済期間）での差別化が難しい。また、顧客確保のために審査基準を甘くすれば、信用不安のある消費者への貸出が増え、回収コストやリスクが高まり、収益は減少してしまう。そのため、競合に勝ち続けるためには新たな付加価値が求められる。そして付加価値を創造できない、何もしない（できない）、資金力がないBNPL事業者は淘汰される可能性が高い。

既に大手BNPL事業者は付加価値を創造すべく、次のとおり、様々な取組みを行っている。特に主要顧客であるECサイトへの支援は顕著である。

① ECの販売支援

Klarnaは、アメリカ、カナダ、イギリスなど18カ国で、生中継動画で商品を販売するライブコマース事業に参入している。ラ

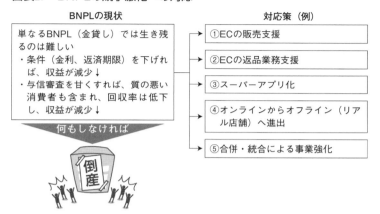

図表27　BNPLの競争激化への対応

BNPLの現状

単なるBNPL（金貸し）では生き残るのは難しい
・条件（金利、返済期限）を下げれば、収益が減少↓
・与信審査を甘くすれば、質の悪い消費者も含まれ、回収率は低下し、収益が減少↓

何もしなければ

倒産

対応策（例）

①ECの販売支援

②ECの返品業務支援

③スーパーアプリ化

④オンラインからオフライン（リアル店舗）へ進出

⑤合併・統合による事業強化

出所：公開情報をもとに著者作成

イブチャットやビデオ通話で小売店の従業員と繋がることができ、直接アドバイスを受けられるため、ミレニアル世代やZ世代からの人気が高い。また、若い世代が関心の高いSDGsにも取り組んでいる。Klarnaを利用して購入した商品のCO_2排出量を可視化するツールを提供し、環境保護に関心の高い消費者の獲得も狙っている。

　Afterpayは、Quantas Airways（カンタス航空）のマイレージサービスFrequent Flyer（フリークエント フライヤー）と提携したポイントプログラムを開始し、ポイントに興味のある消費者の獲得を狙っている。また、Nikeと提携し、Afterpayで決済しないと購入できない特定商品の独占販売も開始している。

② ECの返品業務支援

　面白い取組みとして、BNPL事業者のオンラインショッピング

の返品業務をサポートするスタートアップの買収が目立つ。2021年に、Affirmは返品依頼から返金業務管理のクラウドサービスを展開するReturnly（リタンリー）を3億ドル（約400億円・当時）で、PayPalは返品依頼管理や受取店舗のネットワークを展開するHappy Returns（ハッピー リターンズ）を買収（買収額非公表）している。

　アメリカにおけるオンラインショッピングでの返品率は約18%と、日本の3〜5%よりもはるかに高く、年間の返品総額は約10兆円といわれている。さらに、返品に係る人件費（顧客対応、返金処理など）、配送料、保管料なども必要となり、返品された商品の約25%は破棄されている。アメリカのECサイトでは返品時の送料を無料にするというキャッチコピーを掲載して販売するだけで、コンバージョン率（購入に至る割合）が平均1%向上するともいわれ、ECサイトにとって返品は重要な業務である。そこにBNPL事業者は目をつけ、返品業務をサポートするスタートアップを買収し、ECサイトとの関係を強化するとともに、ECサイトの売上アップを狙っている。

③　スーパーアプリ化

　スーパーアプリ化とは、単なる「後払い」ではなく、金融サービスの多角化やECサイトとの連携により、プラットフォーマーとしての地位の確立を目指すものである。Affirmは、BNPLに加えて、ローンやデビットカードの提供をはじめているとともに、マーケットプレイス的なアプリやウェブサイトを提供することで、Affirm経由のECサイトで買い物をする消費者について、加盟店から紹介手数料を得るなど多角化を進め、収益性を高めて

いる。

　PayPalは、アプリのサービス拡張に取り組んでおり、預金、各種請求書払い、BNPL（Pay in 4、PayPal Pay Monthly）、個人間送金（Venmo）、そして暗号通貨売買・暗号通貨ウォレットの機能も有するスーパーアプリを目指している。中国のAlipayやWeChat Pay（ウィーチャット ペイ）、東南アジアのGrabやGojekなど、アジアではスーパーアプリは成功を収めているが、アメリカでは成功の例がないため、今後の展開が注目される。

④　オンラインからオフライン（リアル店舗）へ進出

　BNPLはオンラインショッピングに適した「後払い」というイメージが強いが、オフライン（リアル店舗）にも積極的に進出しはじめている。Klarnaは2017年にスウェーデンで銀行のフルライセンスを取得しており、ドイツでも銀行業務を行っている。

　Sezzleはアメリカで物理カード（プラスチックカード）を発行。SezzleとAffirmはアメリカの大手スーパーマーケットTargetでの利用も可能だ。また、アメリカのWalmartでは、Affirmが利用できるようになっている。

⑤　合併・統合による事業強化

　サービスラインアップの強化や顧客エンゲージメントの向上、および成長市場への進出を狙った合併・統合も進む。2021年9月のPayPalによる日本のPaidyの買収は記憶に新しいが、海外ではBNPLの買収、統合の話題はつきない。Affirmは2021年1月にカナダ市場への進出を目指し、カナダのBNPLであるPayBrightを2.64億ドル（約270億円・当時）で買収している。同年8月に

はSquare（現・Block）が個人間送金サービスのCash Appの機能強化を目指してAfterpayを買収している。

　今後も生き残りをかけて、BNPL事業者同士、またはECサイトや決済サービス事業者などBNPLと親和性の高い企業との合併・統合は進むと予想する。第1章で述べたが、BNPLは今が成長期であり、変革期でもある。今から数年の対応次第で、BNPLは単なるコロナ禍の一過性のバズワードとして消え去るのか、クレジットカードに並ぶ「後払い」として定着するのかが決定するといえる。

　第3章で、日本における後払いについて見ていこう。

第 **3** 章

日本は後払い大国

日本における「後払い」

日本市場のユニークさ

　日本における主な後払いとしては、図表28のとおり、①クレジットカード、②ショッピングローン・個品割賦、③キャリア決済（携帯電話料金合算払い）、④代引き（代金引換）、⑤請求書払い、⑥新しい後払い、⑦少額後払い、の7つがあげられる。

　「①クレジットカード」は、日本の「後払い」の中心的な役割

図表28　日本の主な「後払い」

	① クレジットカード	② ショッピングローン・ 個品割賦	③ キャリア決済 （携帯電話料金 合算払い）
割販法	○ （包括信用購入 あっせん）	○ （個別信用購入 あっせん）	－
CIC	要	要	－
利用限度額	高額	高額	少額（10万円以下）
返済期間	短期（翌月） （リボ払い・分割）	長期	短期（翌月）
入金場所	銀行振替が中心		銀行振替が中心
主な事業者	クレジットカード・信販会社		携帯キャリア

出所：公開情報をもとに著者作成

を担っており、海外と比べても、保有率、利用率は高い。日常生活のショッピング等で利用され、多くの場合は翌月一括払いである。

　ただ、クレジットカードが普及する日本でも、自動車や家電などの高額商品を購入する際には、その都度個別に契約する「②ショッピングローン・個品割賦」を利用することが多い。購入ごとに契約を締結し、数カ月から数年にわたって返済する「後払い」である。なお、「割賦」とは代金を分割で支払うことを意味する。

　携帯電話料金とまとめて支払う「③キャリア決済（携帯電話料

| ④
代引き
（代金引換） | BNPL | | |
	⑤ 請求書払い	⑥ 新しい後払い	⑦ 少額後払い
－	－	サービスごとに異なる	○ （少額包括信用購入あっせん）
－	－		要
限度額30万円程度	少額（5万円程度）		少額（10万円以下）
商品受取り時	短期（14日以内等）		短期・中長期
現金払いが中心	コンビニ払い・ 銀行振込など		銀行振替・ コンビニ払いなど
宅配業者	Net Protections GMO PAYMENT SERVICE	paidy　m Pay pace.　atome	FamiPay PLATZ

金合算払い）」も、翌月一括払いの「後払い」である。日本は携帯電話料金の支払いが「後払い」（ポストペイ型）を基本としているために可能だが、携帯電話料金を事前に支払う（プリペイド型）のが基本の途上国では不可能である。利用可能限度額は図表29のとおりであり、その範囲内で契約状況や利用状況、支払い状況等から設定される。

　商品到着時に代金を支払う「④代引き（代金引換）」も利用されている。代引きは、商品到着時にドライバーに代金を一括で払う「後払い」である。日本の宅配サービスは海外と比べ圧倒的に安心、安全で、時間どおりに配達され、商品に破損がないのも当たり前である。だからこそ、初見のドライバーに商品の代金を預けることができる。海外では日本ほど宅配サービスが成熟していないこともあり、代引き（代金引換）はあまり馴染みがない手段である。なお、日本においても、コロナ禍では、玄関先での対面

図表29　キャリア決済（携帯電話料金合算払い）の利用可能限度額

（１カ月あたり、20才以上）

NTTドコモ （電話料金合算払い）	契約期間	１〜 ３カ月目	１万円
		４〜 24カ月目	〜３万円
		25カ月目 以降	〜３万円、〜５万円、 〜８万円、〜10万円
KDDI （auかんたん決済）			〜10万円
ソフトバンク （ソフトバンクまとめて支払い）			〜10万円

出所：公開情報をもとに著者作成

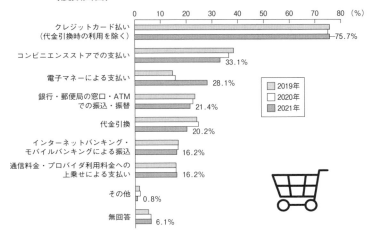

図表30　インターネットを使って商品を購入する際の決済手段
　　　　（複数回答）

クレジットカード払い
（代金引換時の利用を除く）　75.7%
コンビニエンスストアでの支払い　33.1%
電子マネーによる支払い　28.1%
銀行・郵便局の窓口・ATM
での振込・振替　21.4%
代金引換　20.2%
インターネットバンキング・
モバイルバンキングによる振込　16.2%
通信料金・プロバイダ利用料金への
上乗せによる支払い　16.2%
その他　0.8%
無回答　6.1%

　■ 2019年
　□ 2020年
　■ 2021年

出所：総務省「通信利用動向調査」より作成

接触を避けるために、代引き（代金引換）の利用を控える傾向が
あったようだ（図表30）。

　商品とともに請求書が送付される「⑤請求書払い」は、古くか
ら利用される「後払い」である。紙媒体のカタログ通販などでは
主要な支払い方法で、オンラインショッピングでも利用されてい
る。（商品と請求書が別送の場合もあるが）多くの場合は請求書
を受領後14日以内にコンビニなどで支払う。高齢者がカタログ通
販で購入した商品の代金を支払う場合には、与信審査が行われる
「後払い」という認識なく利用している場合が多いだろう。

　さらに、Paidyなど、スマートフォンだけで手続きが完了する
「⑥新しい後払い」も登場し、簡単で気軽に利用できることから
ミレニアル世代やZ世代の若い世代を中心に人気を得ている。ま

た、2021年4月に施行された改正割販法に伴い創設された「少額包括信用購入あっせん」業者が提供する「後払い」として、ファミペイ翌月払いなどの「⑦少額後払い」があり、今後増加すると予想される。

前述が日本の主要な「後払い」となるが、日本では、「⑤請求書払い」「⑥新しい後払い」「⑦少額後払い」の３つがBNPLといわれることが多い。本書でも、「⑤請求書払い」「⑥新しい後払い」「⑦少額後払い」の３つをBNPLと定義し、さらにクレジットカード会社などの既存の事業者が提供する、従来とは異なる「後払い」もBNPLに含めることとする。

なお、BNPLは海外が先行しているイメージがあるかもしれないが、請求書払い等を手掛けるネットプロテクションズ（事例40）は2000年設立で、BNPLのパイオニアと呼ばれるKlarna（2005年設立）よりも歴史は長い。Afterpayは2014年設立、Affirmは2012年設立と、海外の主要なBNPL事業者でもそれほど長い歴史があるわけではない。

つまり、日本は様々な「後払い」が利用できるだけではなく、BNPLの歴史も長い「後払い大国」なのである。

▚ どうしてBNPLを利用するのか

第１章の図表10で、アメリカにおけるBNPLを利用する理由を示したが、「後払い大国」である日本では、アメリカでのBNPLを利用する理由はほぼ該当しない。

アメリカで47％と最も多かった「クレジットカードの金利を払いたくないため」については、日本のクレジットカードの返済方

法は翌月一括払いが基本であり、金利は発生しないために該当しない。「予算以上の商品を購入するため」（アメリカで46％）、「高額商品を分割払いで購入できるため」（同22％）は、日本では、ショッピングローン・個品割賦を利用すればよい。「クレジットカードの限度額に達しているため」（同9％）、「他の決済手段が利用できないため」（同5％）は、請求書払い、代引き（代金引換）、キャリア決済（携帯電話料金合算払い）など、他の「後払い」で対応可能である。「銀行口座を持っていないため」（同2％）は、15才以上の銀行口座保有率が98％超の日本では該当しない。

　ただし、「後払いという柔軟な支払いができるため」（同31％）については、日本でもそう感じる人はいるかもしれない。クレジットカードにおいてはリボ払いや回数指定の分割払いが可能であり、ショッピングローンや個品割賦で返済回数の指定をすることもできるが、少々手続きが面倒である。日本でも簡単な手続きで「柔軟な返済方法」が可能なBNPLは期待されている。なお、メルペイが2021年10月に公表した調査でも、BNPLを利用する理由のトップに「支払うタイミングを調整できるから」があげられている（図表31）。

　また、アメリカにおける理由の1つである「他の決済方法よりも速く利用できるため」（19％）についても、日本でも、スマートフォンだけで手続きが完了するPaidyなどの「新しい後払い」が若い世代を中心に人気を集めているため、アメリカと同じ状況にあるといえる。

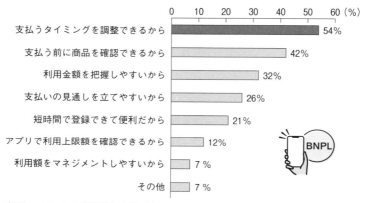

図表31　BNPLを利用する理由（日本）

支払うタイミングを調整できるから	54%
支払う前に商品を確認できるから	42%
利用金額を把握しやすいから	32%
支払いの見通しを立てやすいから	26%
短時間で登録できて便利だから	21%
アプリで利用上限額を確認できるから	12%
利用額をマネジメントしやすいから	7%
その他	7%

出所：メルペイ「消費と支払手段に関する調査」（2021年10月）より作成

■ ヒット商品にランクイン

　2021年の「ヒット商品ベスト30」（日経トレンディ）において、金融・決済領域では10位に「Visaのタッチ決済」、26位に「後払い決済」がランクインした。なお、「後払い決済」はクレジットカードやショッピングローンなどではなく、本書でBNPLと定義した「請求書払い」やPaidyなどの「新しい後払い」「少額後払い」が該当する。日経トレンディの読者層から見ても、オンラインショッピングの成長を追い風に、簡単な手続きだけで利用できる利便性が若い世代を中心に支持を得た結果と考えられる。

　過去の「ヒット商品ベスト30」の結果を振り返ると、2020年は7位に「モバイルオーダー」、2019年は3位に「PayPay」（ペイペイ）がランクインしている。現在の「モバイルオーダー」や

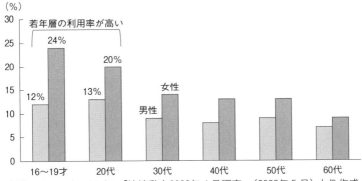

図表32　BNPL利用率（日本・年代別）

出所：インフキュリオン「決済動向2022年4月調査」（2022年5月）より作成

「PayPay」の状況を見ても、「後払い決済」、つまりBNPLも一過性のバズワードで終わることなく、今後も日常生活に根付くサービスになると予想される。

　インフキュリオンの「決済動向2022年4月調査」でも、2022年4月のBNPLの利用率は11%となっており、2021年12月の8%から躍進。既にブランドプリペイド（2022年4月・5%）を凌いでいる。年代別に見ると、特に、若年層の利用率が高い傾向にある（図表32）。

2 クレジットカードの位置付けの変化

➤ キャッシュレス決済手段の多様化

日本の「後払い」の中心的な役割であるクレジットカードにも、変化が起きている。クレジットカード自体には、よくも悪くも、ここ数十年の間に大きな変化はないが、クレジットカードを取り巻く環境は大きく変化している。

日本における20世紀後半の現金以外の決済手段はクレジットカード一択であり、キャッシュレス決済といえば「後払い」が当たり前であった。中高年の方々であれば、クレジットカードが数枚財布に入っていると思う（日本クレジット協会の調査によると、日本では1人当り平均2.9枚クレジットカードを保有している（20才以上人口比。2022年3月末）という）。しかし、2001年

図表33 キャッシュレス決済手段の多様化

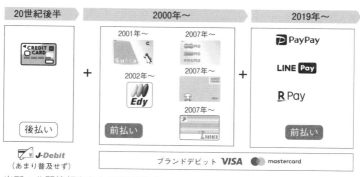

出所：公開情報をもとに著者作成

にサービスインしたSuica（スイカ）に加え、交通系のPASMO（パスモ）、流通系でもWAON（ワオン）、nanaco（ナナコ）、Edy（エディ。現・楽天Edy）などの電子マネー、さらには2019年の大規模キャンペーンとともに話題をさらったPayPayや楽天ペイなどのコード決済を含めて、キャッシュレス決済手段は多様化している（図表33、図表34）。

　そして、これら21世紀に登場した新しいキャッシュレス決済は、基本的に「前払い」である。若い世代にとっては、「後払い」であるクレジットカードよりも、「前払い」である電子マネーやコード決済の方が日常的に利用する身近な決済手段となっている。コンビニなどでは少額の決済の場合、クレジットカードの利用をためらってしまうこともあるが、電子マネーやコード決

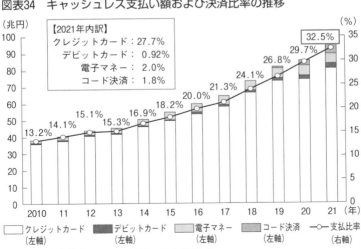

図表34　キャッシュレス支払い額および決済比率の推移

出所：経済産業省ニュースリリースより作成

済であれば、店員に遠慮なく利用できる。また、「前払い」のため、使い過ぎを抑止できることが普及の理由と考えられる。

　そして、若い世代では既に日常生活のなかでコンビニやスーパーマーケットでの普段使いでは「前払い」の電子マネーやコード決済、少し高額なショッピングの際にはBNPLで「後払い」という使い分けがはじまっているのかもしれない。既に決済の選択肢として、クレジットカードの存在は影が薄くなってしまっている可能性もある。ジェーシービーの「クレジットカードに関する総合調査」（2021年度版）によると、50〜60代のクレジットカード保有率は高い（50代：男性89.2％、女性90.6％、60代：男性93.5％、女性91.7％）が、20代の保有率は男性が76.2％、女性が75.5％と他の年代よりも低く、30代も男性は81.8％、女性は83.8％である。

　しかし、「前払い」には弱点もある。その都度チャージするのは手間がかかり、実際、残高不足のためにレジ前でまごつく姿を目にすることは少なくない。「後払い」であれば、手間なく、残高を気にすることなく利用ができる。電子マネーやコード決済の利便性を活かしたうえで「後払い」ができれば、さらに利用は促進するはずである。そして、先進国のなかでは後塵を拝している日本のキャッシュレス決済の進展にも大きく貢献するであろう。

クレジットカードのステータスの価値

　電子マネーやコード決済の登場、そして成長もあるが、クレジットカード自体のイメージも大きく変化している。バブル期の記憶がある方であれば共感頂けると思うが、ゴールド、ブラッ

ク、プラチナなどのカード媒体の色が異なるステータスカード
は、年会費以上の価値があった。様々な特典はいうまでもなく、
決済時に店員に渡す際、そうした色のクレジットカードであれば
ちょっとかっこいいと思ったのは私だけではないはずである。

　しかし、今ではオンラインショッピングでの利用が増え、オフ
ライン（リアル店舗）で店員にクレジットカードを渡す機会は減
少し、ステータスカードを誇示する機会はほとんどない。そうで
あれば、日常生活における普段使いのキャッシュレス決済は、年
会費が不要でポイントが貯まりやすいコード決済の方がお得感が
あるし、通勤で利用している交通系電子マネーの方が利便性も高
い。このように、クレジットカードを持つ価値が薄れているのも
事実である。

　また、クレジットカードとオンラインショッピングの関係で

図表35　クレジットカード不正利用被害額

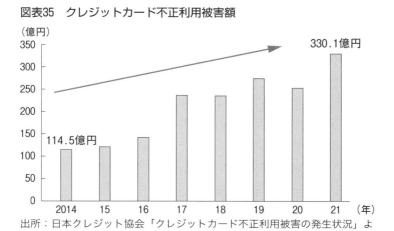

出所：日本クレジット協会「クレジットカード不正利用被害の発生状況」よ
　　　り作成

は、昨今たびたびニュースでも報道される情報漏えい事故の影響もある。2014年には114.5億円だったクレジットカード不正利用被害額は、2021年には330.1億円となった（図表35）。セキュリティ意識の高まりから、オンラインショッピングではクレジットカードを利用しないという消費者は増加している。クレジットカードとオンラインショッピングは相性がよく見えるが、実際はよくないのかもしれない。大手ECサイトで購入する際にはクレジットカード決済に抵抗はなくても、初めて利用するサイトでは、クレジットカード情報の漏えいが不安でクレジットカードの利用を避けたい人もいるだろう。このような背景もあり、情報漏えいの不安があるクレジットカードではなく、BNPLへの期待が高まっている。

▶ 柔軟性に欠けるオンラインショッピング決済

　今般の執筆にあたって、業種業態を問わず、300以上の大手小売店のECサイトの決済方法を確認したところ、全てのECサイトでクレジットカード決済は可能だったが、翌月一括払いに限定されているECサイトがほとんどであることがわかった（一部のECサイトではボーナス月払いが可能である）。

　つまり消費者は、高額商品を購入する場合でも、ECサイトで一旦は翌月一括払いで決済を完了させた後に、クレジットカード会員用サイト等で分割払いやリボ払いに変更するしかない。正直面倒である。利用限度額の関係で、そもそもECサイトでの決済ができない人もいるだろう。

　なかには、個別にショッピングローンや個品割賦の契約ができ

るECサイトもあるが、氏名、生年月日、住所、年収、勤務先などの個人情報を入力するのはかなりの手間である。その手続きだけで、離反する消費者も多いだろう。

　オンラインショッピングの拡大に伴い、クレジットカードやショッピングローンなどの従来の「後払い」に加えて、簡単な手続きだけで柔軟な返済ができるBNPLが求められているといえよう。

　クレジットカードに限らず、日本の金融サービスは変化を好まず、30年以上前のバブル期に完成されたスタイルを踏襲している。クレジットカードも、基本的にはオフライン（リアル店舗）の対面での決済が基本的なコンセプトとして設計されている。しかし、オンラインショッピングの成長を含めて時代は変化している。BNPLは、ずっと変化がない日本の金融サービスに変化のきっかけを与えているのかもしれない。

■ クレジットカードは高嶺の花？

　日本クレジット協会の「日本のクレジット統計2021年版」によると、2021年のクレジットカード入会申込み件数は3,141万件で、契約件数は2,363万件である。審査通過率を単純計算すれば75％となり、４分の１もの人が審査を通過していないことになる。

　また、社会環境の変化もある。

　フリーランスという働き方が一般化し、企業に属さずにベンチャー企業を起業する若者は増加している。そして、１つの企業に勤め続けるのではなく、よりよい仕事や報酬、職場環境を求め

図表36　消費者の変化

フリーランス	・非正規雇用 ・副業系すきまワーカー、複業系パラレルワーカー、自由業系フリーワーカー、自営業系独立オーナー
ジョブホッパー	・転職が当たり前 　―ネガティブではなく、ポジティブに、よりよい仕事、よりよい報酬を求め、転職する
ベンチャー起業家	・学生や若手起業家が増加 ・就職せず、ベンチャー企業を起業する者も増加
外国人労働者	・173万人（届け出が義務化されて以降、最高） ※厚生労働省（2021年10月末時点）

> 返済能力があり、返済意思が強い場合でも、「年収」「勤務先」「勤続年数」「雇用形態」「年齢」「他社借入れの有無」などの従来の審査基準では審査が通過しない場合もある

出所：公開情報をもとに著者作成

てポジティブに転職を繰り返すジョブホッパーも当たり前の存在となっている。

　さらに、約173万人の外国人労働者の存在がある。この173万人という数字は、市町村では川崎市（154万人）、都道府県では鹿児島県（158万人）と同程度の規模である。コロナ収束後には、労働者不足の日本に多くの外国人労働者が訪日するだろう。

　彼らは一定以上の収入を得ていても、従来のクレジットカードの与信審査基準に含まれる勤務先、勤続年数などの理由でクレジットカードの審査に通らないことがある。また、通ったとしても、利用限度額が低く抑えられていることがある。しかし、彼ら

のなかにも真面目な返済意思が強い消費者がいるのは間違いない（逆に、一流企業に数十年勤務し、一定以上の収入を得ていたとしても、返済意思が弱い消費者が存在しているのも事実である）。

　貸倒れや過剰融資、多重債務者の増加などを抑止するために、割販法などの法規制に準拠する必要があるのはもちろんだが、消費者の変化に対応した、今の価値観に適した与信審査の基準で利用できるBNPLが求められているといえよう。今のままでは、消費者だけではなく、BNPL事業者を含む金融サービス提供者も機会損失を継続することになってしまう。

日本で求められる「後払い」とは

　第2章−10で、海外のBNPLの今後について述べたが、海外でBNPLが求められているのと同様に、本章で述べたとおり、日本でも、社会環境、そして消費者の変化に伴い、従来とは異なる時代に適した「後払い」としてBNPLが求められている。

　まず、「①クレジットカードの代替となるオンラインショッピングでの決済手段」が必要である。オンラインショッピングの際、分割払いやリボ払いの利用は難しい。日用品から家電などの高額商品まで、あらゆるものをオンラインで購入する時代には、誰でも簡単に様々な返済方法を指定できるUX（User Experience（ユーザー エクスペリエンス）の略。顧客体験のこと）の優れたBNPLが求められている。

　「②クレジットカードとは別のサイフ」も、必要である。日本でも若い世代を中心にクレジットカード離れが進み、「前払い」である電子マネー、コード決済が普及しつつある。電子マネーや

コード決済に「後払い」機能を追加することで、日常生活における少額決済で利用できるだろう。また、働き方の多様化に伴い、報酬を受け取るタイミングや方法も多様化しているため、ライフプランやマネープランに応じて返済方法と返済金額を柔軟に選択できるBNPLが求められている。

　そして、「③与信審査の進化」への対応である。AIの進化により、多様な与信審査が可能となっている。フリーランスやジョブホッパー、ベンチャー起業家、外国人労働者など、従来の与信審査ではクレジットカードの審査を通過できない可能性が高い消費者が増加している。従来の年齢、年収、勤務先、勤続年数、雇用形態、他社からの借入状況などの「人」を審査するのではなく、「取引」実績などのデータで審査するBNPLが求められている。

　ただし、これは、無審査で誰にでもBNPLを利用させるということではない。適切な審査のうえ、優良な顧客に適切な返済額、返済期間を選択させる必要がある。そうでなければ、過剰融資により、多重債務者が増加して社会が混乱してしまうことになる。

　BNPLを含め、金融サービスにとって与信審査は肝となるが、与信審査を担うAIをいかに使いこなすかも、BNPLの成功のカギである。海外からは「BNPLは審査がない」といった声も聞こえ、誤解があるかもしれないが、BNPLは決してそのようなものであってはならない。

　それでは、日本流のBNPLについて、第4章で迫ってみよう。

日本流のBNPLと
ビジネスチャンス

1 日本でBNPLをはじめるには

▶ 割販法適用の有無

日本では、クレジットカードなどの従来の「後払い」とは異なるBNPLが求められている。既に様々なBNPLが登場しているが、日本でBNPLをはじめるにはいくつかの方法がある。大きく分類すると次の２つとなる。

図表37　日本でBNPLに参入する主な方法

	割販法			割販法適用外
	① 包括 信用購入 あっせん	② 認定包括 信用購入 あっせん	③ 少額包括 信用購入 あっせん	請求書払い・ 新しい後払い
参入条件	難		比較的易 （規制緩和）	なし
返済期間	制限なし			２カ月以内の完済
審査方法	割販法に準拠 「人」を審査（本人確認必須）			「取引」を審査 （本人確認無）
CIC	要			―
包括支払可能額 見込額調査	要	任意		―
利用限度額	与信審査次第		10万円	（５万5,000円程度）
主な事業者	クレジット カード paidy PayPay	Pay	FamimaDigitalOne Nudge PLATZ	Net Protections paidy pace.

出所：公開情報をもとに著者作成

1つは割販法に準拠し、業者登録したうえでBNPLを提供する方法である。「①包括信用購入あっせん」「②認定包括信用購入あっせん」「③少額包括信用購入あっせん」の3種類の業者がある（図表37）。業者登録した種類ごとに提供できるサービスは異なるが、中長期の分割払いも可能である。本人確認、そしてCICなどの指定信用情報機関の参照は必須である。なお、②と③は、2021年4月施行の割販法改正により新設された新しい制度である。本改正は、少額かつ多頻度の決済への後払いサービス、異業種企業（SNS系企業、ECモール系企業等）の後払いサービスへの参入、インターネットやスマートフォン端末による決済が拡大するなか、新しい技術・サービスに対応し、利用者が安全・安心に多様な決済手段を利用できる環境を整備するために行われたものである。

　もう1つは、割販法の適用外でBNPLを提供する方法である。割販法の適用外のため、本人確認、そしてCICなどの指定信用情報機関の参照は不要だが、返済期間が2カ月の範囲内のBNPLに限定される。割販法では、割賦販売・ローン提携販売は2カ月以上かつ3回払い以上、信用購入あっせんは2カ月を超えて支払う（ボーナス一括払いを含む）ものと定義されているためである。

　なお、BNPLは本人確認が不要、無審査（審査が比較的甘い）といわれることがあるが、その場合は後者の割販法の適用外のBNPLを指す。しかしながら、日本流のBNPLでは前者の割販法に準拠したものも含むべきと考え、本書では含むものとする。

▶ 割販法に準拠する登録業者の種類

ここで、割販法に準拠する3つの登録業者について、詳しく説明したい。

① 包括信用購入あっせん

包括信用購入あっせんの仕組みは、図表38のとおりである。BNPLについて、登録の敷居が高い「包括信用購入あっせん」に新たに業者登録する事業者は少ないと思われる。そのため、既に「包括信用購入あっせん」業者登録済みのクレジットカード会社

図表38　包括信用購入あっせんの仕組み

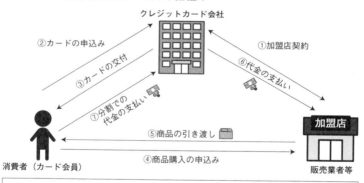

①　クレジットカード会社と販売業者（加盟店）との間で、クレジットカードの利用に関する契約を締結（加盟店契約）
②③　消費者からのカード発行の申込みを受け、クレジットカードを交付（クレジットカード契約）
④⑤　消費者が加盟店でクレジットカードを提示して商品を購入
⑥　クレジットカード会社が加盟店に商品代金の立替払い
⑦　消費者がクレジットカード会社に分割等で商品代金の支払い

出所：経済産業省「割賦販売法（後払分野）の概要資料」より作成

などが既存事業のサービス拡大、もしくは新規事業としてBNPL
を提供すると予想する。2022年2月に、PayPayが「PayPayあ
と払い」（事例47）の提供を開始している。

② 認定包括信用購入あっせん

2021年4月施行の割販法の改正により創設された新しい制度で
ある。①包括信用購入あっせん業者登録済みの事業者のうち、経
済産業省の認定を受けて与信審査手法について特例を受けられる
のが「認定包括信用購入あっせん」業者である。認定されれば、
従来の与信審査で必須であった「包括支払可能額見込額調査」
（利用限度額≦包括支払可能見込額（年収（＋預貯金）－生活維
持費－クレジット債務）×90／100）は求められず、AIを活用し
た独自の与信審査が可能となる。したがって、独自の与信審査が
できるだけの取引データ、消費者データを保有している事業者の
参入が期待される。2021年8月にメルペイが第1号認定業者とな
り、「メルペイスマート払い」（事例46）の提供を開始している。

③ 少額包括信用購入あっせん

②と同様に、2021年4月施行の割販法の改正により創設された
新しい制度である。利用限度額が10万円以下の範囲内で包括信用
購入あっせん業を営むことができる事業者として、登録（認定制
度は設けられていない）を受ける。従来の与信審査で必須であっ
た「包括支払可能額見込額調査」は求められず、AIを活用した独
自の与信審査が可能である。少額の範囲であることに伴い、業者
登録の際の資本金要件を廃止するなど、参入障壁が下げられたた
め、FinTech企業や金融機関以外の異業種からの参入が期待さ
れる。2022年11月末時点ではファミマデジタルワンとナッジ、

3PLATZ（サンプラッツ。事例49）の3社が業者登録済みである。2021年9月に、ファミリーマートがファミペイに「ファミペイ翌月払い」（事例45）の機能を追加している。

⬗ 割販法適用外のBNPLの可能性

割販法の適用外のBNPLは、前述のとおり、本人確認やCICなどの指定信用情報機関の参照が必須ではなく、返済期間2カ月の範囲内で様々なサービスを提供している。

代表的なのは、ネットプロテクションズやGMOペイメントサービスなどが提供する、消費者が請求書受領後14日以内にコンビニなどで一括返済する形式のBNPLである。

また、FinTech企業による特徴あるBNPLも登場している。Kyash（キャッシュ。事例41）はプリペイドカードにバリューをチャージし、消費者はチャージされたバリューでプリペイドカードを用いてショッピングを行い、チャージした金額を翌月一括返済するBNPLである。

さらに、アジアからも2カ月以内、2回分割払いのBNPLを提供するPace、Atomeが日本に上陸している。なお、Pace、Atomeはともに3回払いと称しているが、購入時に前払いとして代金の3分の1を支払う必要があるため、「後払い」の回数は2回となる。また、アジアからのBNPLは、オンラインではなく、オフライン（リアル店舗）に注力していることが特徴である。

割販法適用外のBNPLの方が、割販法に準拠した業者登録を行ってBNPLを提供するよりも、簡易的にサービスを提供できる

ため、今後も様々な方法を用いたBNPLが登場するだろう。

▪ BNPLで攻めるべき新たな「市場」

日本で新たにBNPLに参入するのであれば、クレジットカードなどの従来の「後払い」が取りこぼしていた領域を攻めるべきである。

購入商品と返済期間で考えると、少額商品の購入で利用する既存の「後払い」はクレジットカード、代引き（代金引換）、キャリア決済（携帯電話料金合算払い）となるが、基本的には1回払いである。中長期の分割払いの場合には、ショッピングローンや個品割賦となるが、基本的にはある程度の高額商品が対象となる。

現在の「後払い」では、少額商品の中長期の分割払いは存在せず、BNPLはそのすきまを埋めることができる。

割販法の適用外のBNPLであっても、返済期間が2カ月以内であれば分割払いは可能である。少額商品をわざわざ分割で支払うことは少ないと思うかもしれないが、たとえば9,000円の商品を、手間なく簡単な手続きだけで、割販法適用外のBNPLを利用して無金利、手数料なしの3回払いで購入できるならば、躊躇せず欲しいと思った瞬間に購入することもあるだろう。購入時に3,000円、翌月、翌々月にそれぞれ3,000円ずつの返済であれば、一度に9,000円を支払うよりは負担が少なく、計画的に資金を使うことができる。ファッションなどであれば、ワンランク上の商品にも手が届く。

また、割販法に準拠した「少額包括信用購入あっせん」に業者

登録すれば、10万円が利用限度額となるが、2カ月を超える中長期の分割払いも提供できる。中長期の分割払いの場合、金利が徴収されることもあるが、10万円の商品を12回払いで購入できれば、ワンランク上のスーツや家具などにも手を出しやすくなる。

次に、「消費者」の点で考えると、BNPLはどういった領域をターゲットとするべきだろうか。

高収入で勤続年数も長い消費者は、過去に返済遅延などの事故を起こしていない限り、クレジットカードの与信審査で落ちることはほとんどない。しかしながら、フリーランスやジョブホッパー、ベンチャー起業家、そして外国人労働者は高収入を得ていたとしても、従来の与信審査基準ではクレジットカードを持つこ

図表39　BNPLで攻めるべき領域（金額・期間）

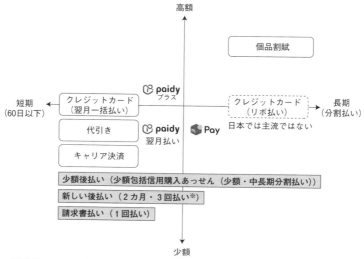

※購入時：1回、後払い：2回
出所：公開情報をもとに著者作成

とができない。あるいは、持てても低い利用限度額に制限される可能性がある。

　割販法適用外のBNPLは、「取引」を重視して審査する。本人確認を行わず、CICなどの指定信用情報機関を参照することもない。そのため、年収、勤務先などの属性情報も、過去の借入状況なども審査には影響しない。過去の取引実績などの豊富なデータから不審な取引と判断されれば、当然、審査を通過することはないが、通常の取引をする限りは、返済期間が2カ月までのBNPLを利用できる可能性は高い。購入時に1回、後払い2回の計3回払いであれば魅力を感じる人もいるだろう。

　また、割販法に準拠した「認定包括信用購入あっせん」、もしくは「少額包括信用購入あっせん」に業者登録していれば、本人

図表40　BNPLで攻めるべき領域（消費者）

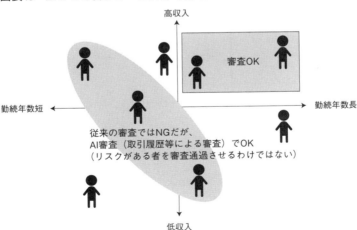

出所：公開情報をもとに著者作成

確認、CICなどの指定信用情報機関の参照は必要となるが、AIによる独自審査も認められており、今まで審査を通過しなかった消費者も、新たな顧客として迎えられる可能性が広がる。

　ただし、リスクがある消費者をわざわざ顧客にするわけではない。返済意思が強い「人」で、きちんとした「取引」であれば、クレジットカードの審査に通らない消費者であっても、BNPLを利用できる可能性があるということを強調しておきたい。

図表41　主な「請求書払い」

運営会社	ネットプロテクションズ	GMO ペイメント サービス	SCORE
主なサービス名	NP後払い	GMO後払い	スコア後払い (@払い)
関連法規等			−
CIC			−
限度額			5万5,000円
返済期間			14日以内
返済場所　コンビニ	○	○	○
返済場所　郵便局	○	○	△
返済場所　銀行振込	○	○	
返済場所　クレジットカード		△	
返済場所　コード決済	○	○	○

出所：公開情報をもとに著者作成

2 　割販法適用外のBNPL

▍ 歴史ある「請求書払い」

　ネットプロテクションズやGMOペイメントサービスなどが提供している請求書払いは、割販法適用外のBNPLである。元々はカタログ通販の主要な支払い手段として利用されていたが、ECサイトでも導入され、クレジットカードの代替となる決済手段としても利用されている。

　主な請求書払いを図表41に示した。運営会社ごとにサービス内容は異なるが、限度額は5万5,000円以内、請求書到着から14日

AGミライバライ	キャッチボール	ヤマトクレジット ファイナンス
ミライバライ	後払い.com	クロネコ代金後払い
	上限規定なし	5万5,000円
	14日以内 （21日以内もあり）	14日以内
○	○	○
○	○	○
	○	
	△	△
○	○	

以内の１回払いが中心である。なお、５万5,000円という金額
は、税抜き５万円以上の領収書には収入印紙が必要となるため、
それを納入する必要がない金額としていると考えられる。

　割販法適用外のBNPLとなるため、本人確認、CICなどの指定
信用情報機関の参照はせず、メールアドレスや携帯電話番号だけ
でも利用できる。与信審査は、収入や勤務先などの「人」ではな
く、送り先の住所がホテルや空き地ではなく住宅地か、換金性の
高い商品をたびたび購入していないかなどの「取引」の正当性を
審査している。

　返済は、商品とともに送られてくる請求書を用いて、コンビ
ニ、郵便局、銀行等で返済することになるが、コード決済で返済
できるサービスも増えている。この豊富な返済先が「請求書払
い」の特徴であり、強みでもある。今後は銀行口座の維持手数料
を徴収する銀行が増加すると予想され、日本でも誰もが当たり前
に銀行口座を保有しているとは限らなくなる。返済先の自由度、
そして豊富さは、BNPLで重要な要素となる。

　加盟店にとってもメリットがある。ネットプロテクションズな
どのBNPL事業者に債権を譲渡するため、未回収リスクが低減さ
れ、回収に手間がかかることはない。BNPL事業者への手数料は
必要となるが、回収に係る人件費や貸倒れを考慮すると、元がと
れる。

　しかしながら、本人確認を行わずに審査をしているため、返済
意思の弱い顧客が一定数は存在しているのも事実である。その対
応策として、消費者が安心して「後払い」を利用できる環境を整
備することを目的に、割販法適用外の「後払い」を提供するネッ

トプロテクションズ、GMOペイメントサービス、SCORE、AGミライバライ、キャッチボール、ジャックス・ペイメント・ソリューションズ、ヤマトクレジットファイナンスの７社が、2021年５月に「日本後払い決済サービス協会」を設立している。

事例 (40) ネットプロテクションズ

2000年に設立されたネットプロテクションズは、日本のBNPLを牽引している存在である。持ち株会社のネットプロテクションズホールディングスは2021年12月、東証１部に上場した。

ネットプロテクションズの提供サービスは、通信販売（カタログを含む）向け後払い「NP後払い」、消費者向け後払い「NP後払いair」、企業間向け（B2B）後払い「NP掛け払い」、個人向け会員制決済サービス「atone」（アトネ）である。海外向けとしては、台湾で「AFTEE」ブランドのBNPLを提供し、ベトナムへの進出も発表。他の東南アジア各国への進出も予想される。

また、クレジットカード会社のジェーシービー、オリエントコーポレーション（オリコ）と業務提携し、地域金融機関の多摩信用金庫、伊予銀行、北洋銀行とも業務提携して地域の顧客企業へのBNPLの導入を目指している。

代表的なサービスである通信販売（カタログを含む）向け後払いの流れは、次のとおりである。

① 消費者はカタログで、欲しい商品を注文し、決済方法でNP後払いを選択する。

② その際、消費者は必要情報として、氏名、生年月日、連

絡先、商品届け先などの情報も記入する。
③　ネットプロテクションズは、消費者が記入した情報に従い審査を実施する。
④　審査通過の場合、カタログ通販会社は、消費者に商品を発送する。
⑤　ネットプロテクションズは、商品代金から手数料を差し引いた金額をカタログ通販会社に支払う。
⑥　消費者は、商品到達後、14日以内に、コンビニ、ATMなどからネットプロテクションズに返済する。

　なお、③で実施する審査は、「取引」を審査している。そのため、クレジットカードの与信審査が通過しない場合でも、「取引」自体に問題がなければ、利用できる可能性が高い。NP後払いの通過率（2022年3月期の取引登録件数のうち、NG件数を除いた割合（ユニークユーザーに限る））は、97%だという。当然、貸倒れのリスクはあるが、小口債権を大量に持つことで、リスクを分散させている。2022年3月までに、年間流通金額3,400億円、導入企業7万社以上、年間ユニークユーザー数は1,500万人超と、「日本で7人に1人が使っている」決済に成長。未払い率は0.52%まで低下している（図表42）。会員向け調査（2022年3月末時点）によると、利用は女性が4分の3を占めており、20代23.4%、30代17.1%、40代22.3%、50代20.2%、60代8.9%と幅広い年代に利用されている。

　NP後払いの1取引の平均単価は、5,000〜6,000円である（金融財政事情研究会『週刊金融財政事情』2021年4月6日号）。

図表42 「NP後払い」の未払い率

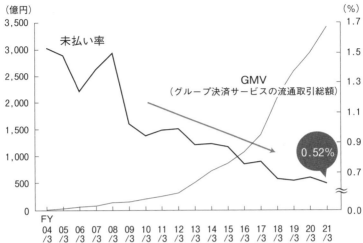

※各期のNP後払いにおける取扱高のうち、18カ月を超えて未払いとなった
　取引額の割合（2021年3月期については、2022年3月末時点で未払いとな
　っている取引額の割合（貸倒処理前のものを含む））
出所：ネットプロテクションズホールディングスIR資料

一方、 海外のBNPLは、Klarnaは1万800円、Afterpayは1万
1,600円、Affirmは4万9,000円程度と（シバタナオキ「決算資料
で世界が見える！ BNPL主要サービスの特徴と伸びしろ」）、NP
後払いよりはるかに高い。今後は日本でも、BNPLの認知度が向
上して様々な商品、サービスで利用されるに従い、平均注文単価
は上昇していくだろう。なお、Affirmの平均注文単価が他を圧倒
している理由は、Pelotonの高額なエクササイズマシンの購入が
Affirmの売上の30%を占め、平均注文単価を引き上げているから
である。

◆ 新規参入が続々

　歴史ある「請求書払い」だけではなく、FinTech企業や海外の事業者による特徴ある割販法適用外の「後払い」も登場している。また、アジアで成功を収めたBNPLも、海外でのノウハウ、実績を活かし、日本での躍進が期待されている。オンラインだけではなく、オフライン（リアル店舗）の加盟店開拓にも積極的に取り組む動きがみられる。

事例 (41) Kyash

　2015年に設立されたKyashは、個人間送金サービスの提供や、VISAプリペイドカードの発行を行っている。2021年7月に実質的に「後払い」が可能な「イマすぐ入金」の提供を、AGミライバライと提携して開始した。申込みに必要な情報は、氏名、生年月日、メールアドレス、携帯電話番号のみで、即時審査され、VISAプリペイドカードに残高（「Kyashバリュー」）がチャージされる。チャージ可能額は3,000円から5万円相当となる。チャージ後、消費者はオンライン、オフライン（リアル店舗）を問わず、VISAの加盟店でショッピングができる。ただし、キャッシングはできない。

　返済は、翌月末までにコンビニから行う。返済の際には、手数料も必要となる。具体的には、3,000円から1万円相当額であれば500円、4万1,000円から5万円相当額であれば1,800円である。つまり、3,000円相当額をチャージした場合には、その16.6%が手数料として必要となる。

なお、免許証やマイナンバーカードなどの公的書類を用いた本人確認はせず、実質的な「後払い」を提供できるのは、金銭の貸付ではなく、VISAプリペイドカードにチャージする「Kyashバリュー」を販売している位置付けのため、貸金業法の対象にはならず、かつ、２カ月以内に返済が完了するために割販法の対象にもならないからである。

事例 42　Pace

　Paceは2020年にシンガポールで設立。既に、マレーシア、タイ、香港、台湾で事業展開し、日本にも2022年３月に進出した。

　オンラインとオフライン（リアル店舗）で利用できる、無金利、手数料なしのBNPL（Pay in 3）を提供。オフライン（リアル店舗）では、QRコードを利用する。返済はクレジットカード、デビットカード、ATM、コンビニからとなるが、返済方法に応じて返済回数が異なる。クレジットカードとデビットカードの場合には、購入時に商品代金の３分の１が請求され、１カ月後に３分の１、２カ月後に３分の１が請求される。ATMとコンビニの場合には、購入時には支払いの必要はなく、１カ月後に２分の１、２カ月後に２分の１を返済する。割販法の適用外のため、２カ月以内の後払いしか認められていないための対応である。なお、クレジットカードとデビットカードでの返済の場合は「３回払い」だが、購入時の３分の１の返済は、「後払い」の回数としてはカウントされない。

　既に展開しているアジア各国での加盟店は8,000店舗以上におよび、ファッションを中心に、若い世代に人気の店舗が多い。日

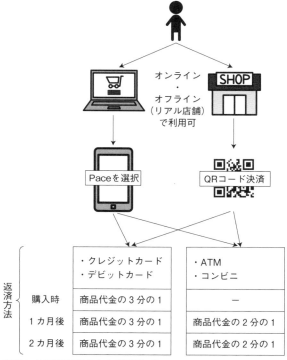

図表43　Paceの返済方法

返済方法		・クレジットカード ・デビットカード	・ATM ・コンビニ
	購入時	商品代金の3分の1	－
	1カ月後	商品代金の3分の1	商品代金の2分の1
	2カ月後	商品代金の3分の1	商品代金の2分の1

出所：公開情報をもとに著者作成

本でも、同様に、大手チェーン店というよりは、小規模の若い世代に人気の店舗の開拓を狙っているようである。

　Paceは、インバウンド客の利用も期待できる。シンガポールなどからの旅行者は、わざわざ日本用のアプリをダウンロードする必要はなく、母国で利用しているアプリを利用できるため、利便性は高い。反対に、日本からアジア各国へ旅行する際にも、日

本でダウンロードしたアプリを利用できる。若い世代にとって、旅行先で同世代に人気の店舗で利用できるBNPLは、非常に魅力的に感じるだろう。

事例 ㊸ Atome

2019年にシンガポールで設立されたAtomeは、約3,000万のユーザーが利用する。既にインドネシア、マレーシア、香港、台湾、ベトナム、フィリピン、タイ、中国で事業展開し、2022年7月に日本にも進出した。

オンライン、オフライン（リアル店舗）で利用できる、無金利、手数料なしのBNPL（Pay in 3）を提供。返済はクレジットカード、デビットカード、電子マネーなどで、購入時に商品代金の3分の1が請求され、28日後に3分の1、さらに28日後に3分の1が請求される。

加盟店は、既に展開しているアジア各国に1万店舗以上あり、若い世代に人気のあるファッション、化粧品、旅行関連など、多岐にわたる。

また、Paceと同様に、海外からの旅行者は、母国で利用しているアプリによって、日本でも利用ができる。越境ECでの現地通貨決済も可能だ。

事例 ㊹ Smartpay

2021年に日本で設立されたSmartpayは、オンラインショッピングで利用できる、無金利、手数料なしのBNPL（Pay in 3）を提供している。返済は、クレジットカード払いに限定されてお

り、購入時に商品代金の3分の1が請求され、28日後に3分の1、さらに28日後に3分の1が請求される。

　与信審査は、Smartpayの利用開始からの経過期間、未返済残高や件数、購入商品の価格や種類、Smartpayへの返済総額、および返済遅延などの事故実績などのデータを用いて行われる。

　加盟店は、ファッション、アート、医療系を中心に約50社で、現在拡大中である。

▶ 悪用リスクと利便性のトレードオフ

　前述のとおり、割販法適用外の「後払い」は、「人」ではなく、「取引」を審査している。そのため、利用できる消費者の数が増加するのは確実だが、本人確認を行わないために、詐欺などの不正が行われる可能性も増加する。第46回インターネット消費者取引連絡会（2022年9月16日）の資料によると、後払い決済に関して、2021年度は2万280件、2022年度（9月6日までの登録分）は1万683件の消費生活相談が寄せられたという。具体的には、「身に覚えのない後払い決済の請求書が届いた」「後払い決済に関する不審なSMSやメールが届いた」などの事例があげられている。後払いの普及にあたって、消費者トラブルの防止は大きな課題となるだろう。

　また、割賦法適用外のBNPLは、CICなどの指定信用情報機関の参照を行わないため、他社からの借入状況などを確認できず、過剰融資や多重債務者を増加させるリスクがあるのも事実である。実際、若い世代への過剰融資や詐欺事件が発生している。読者の記憶に残っているものもあるだろうが、代表的な事件、事故

を次に示す。

　なお、このような事件、事故を抑止、防止するために、「日本後払い決済サービス協会」は設立されている。同協会は、「加盟店審査に係る自主ルール」を策定し、2022年4月から運用を開始した。後払い決済サービス取引の公正を確保し、購入者の利益を保護することを主な目的として策定されたもので、加盟申込み時に加盟店サイトの調査を行うこと、加盟店契約締結後も定期的に取引の健全性の調査や不正利用の発生状況の調査を行うこと、随時調査を実施することなどを定めている。今後、消費者保護の観点から、さらに様々な対策が講じられることを期待したい。

事件・事故 1　　　**「ZOZOツケ払い」と若い世代への過剰融資**

　2016年1月、スタートトゥデイ（現・ZOZO）が運営するサイト「ZOZOTOWN」が、ショッピングの支払いを最大2カ月先延ばしにできる「ZOZOツケ払い」の提供を開始した（GMOペイメントサービスがサービス提供）。そして、一時期、若い世代を中心とする多重債務者について社会問題になった。

　まず、消費者に寄り添ったサービスに見える「ZOZOツケ払い」だが、そもそもお得ではない。クレジットカードの翌月一括払いであれば、金利や手数料は必要ない。他方、「ZOZOツケ払い」の場合は、手数料が330円かかり、銀行での支払いの場合は振込手数料も必要である。つまり、購入する商品の代金にもよるが、かなり高い金利に相当する金額を負担しなければならない。

　しかし、消費者がそれでも「ZOZOツケ払い」を利用するの

図表44　「ZOZOツケ払い」と多重債務問題

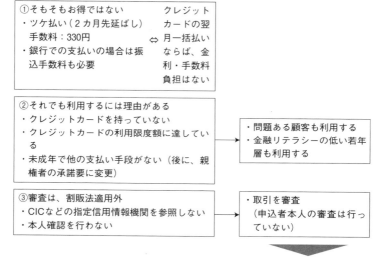

①そもそもお得ではない
・ツケ払い（2カ月先延ばし）
　手数料：330円
・銀行での支払いの場合は振
　込手数料も必要

⇔

クレジット
カードの翌
月一括払い
ならば、金
利・手数料
負担はない

②それでも利用するには理由がある
・クレジットカードを持っていない
・クレジットカードの利用限度額に達してい
　る
・未成年で他の支払い手段がない（後に、親
　権者の承諾要に変更）

→

・問題ある顧客も利用する
・金融リテラシーの低い若年
　層も利用する

③審査は、割販法適用外
・CICなどの指定信用情報機関を参照しない
・本人確認を行わない

→

・取引を審査
　（申込者本人の審査は行っ
　ていない）

過剰融資、多重債務者の増加

出所：公開情報をもとに著者作成

には理由がある。今手元に購入資金がない、もしくはクレジット
カードを持っていない、持っていても利用限度額に達している消
費者が利用すると推測される。また、そのなかには、18才未満の
未成年も含まれると考えられる（2017年8月公表のプレスリリー
スでは、ZOZOツケ払いの利用者数は100万人を突破しており、
年齢別にみると10代が15.9％を占めるとされていた）。なお、本
人確認を行わないため、18才未満であっても識別は不可能であ
る。

　与信審査では本人確認を行わず、CICなどの指定信用情報機関
の参照も行わないため、他社の借入状況や過去の事故も確認がで

きず、「取引」自体に疑義がない限りは審査を通過してしまう。結果として、若い世代を中心に過剰融資が行われた可能性は否定できない。現在は、ZOZOTOWNのサービスを18才未満が利用する際には親権者の承諾が必要になっている。

事件・事故 2 | ## ペイディ（翌月払い）とメルカリを組み合わせた詐欺

2020年1月、Paidyの「ペイディ」（翌月払い）とメルカリを組み合わせた詐欺事件の発生が明らかとなった。報道等によると、流れは、次のとおりである。

① 詐欺師が、身元がばれにくいSIMカードとフリーのメールアドレスを取得する。

② 手元に商品がないにもかかわらず、メルカリに出品する（無在庫で出品）。

③ 詐欺師が出品した商品を、被害者が購入する。

④ 詐欺師は、購入の連絡を受け、メルカリに無在庫で出品した商品と同じものをECサイトで購入する。ECサイトでの決済には、携帯電話番号とメールアドレスで利用ができる「Paidy」（翌月払い）を指定する。

⑤ 被害者に、ECサイトから商品が届けられる。

⑥ 被害者は、詐欺師から送られてきた商品と勘違いし、メルカリに受取りを通知。代金が支払われてしまう。

⑦ 詐欺師は、メルカリ経由で代金を受け取る。

⑧ Paidyへの支払い期限の1カ月を経過しても、代金の返

済がされないため、Paidyから詐欺師に督促をするものの、連絡がつかない。

⑨　そのため、商品の発送先である被害者に請求を行い、詐欺事件であることが判明した。

　同様の詐欺事件は、「ペイディ」（翌月払い）とメルカリの組み合わせにかかわらず、本人確認を行わない取引の場合には起こりうるものである。

　なおPaidyは、不正防止策として、2020年4月より、顔認証による本人確認などを導入している。

図表45　「ペイディ」（翌月払い）を利用したメルカリ詐欺

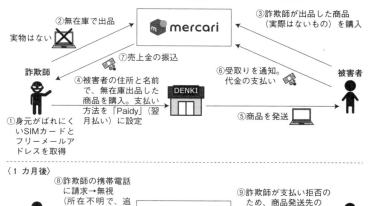

出所：公開情報をもとに著者作成

Kyashの「イマすぐ入金」を利用した詐欺

2022年7月には、Kyashの「イマすぐ入金」を利用した詐欺事件の発生が明らかとなった。報道等によると、流れは次のとおりである。

> ① 詐欺師は、事前に身元がばれにくいSIMカードとフリーのメールアドレスを取得する。
> ② 詐欺師は、KyashのVISAプリペイドカードの発行を受ける。なお、VISAのプリペイドカードの取得にあたって、本人確認は不要である。
> ③ 詐欺師が「イマすぐ入金」を申し込む。
> ④ 提携先であるAGミライバライが与信審査を行う。申込み時に、氏名、生年月日、メールアドレス、携帯電話番号の登録が必要だが、CICなどの指定信用情報機関を参照す

図表46 Kyash「イマすぐ入金」を利用した詐欺

出所：公開情報をもとに著者作成

ることがないため、虚偽の申請であってもばれる可能性は
低い。

⑤　AGミライバライが、VISAプリペイドカードに、詐欺
師に申請された金額に相当する「Kyashバリュー」を
チャージしてしまう。

前述の「ペイディ」（翌月払い）とメルカリを組み合わせた詐
欺と同様に、本人確認を行わないために発生した詐欺事件であ
る。Kyashは、「今後も引き続き不正利用防止策を講じていく」
としている。

■ クレジットカード会社との提携の動き

ここまで、様々な割販法適用外のBNPLについて述べてきた
が、特徴的な動きとして、「包括信用購入あっせん」業者である
クレジットカード会社との関係について述べたい。

日本後払い決済サービス協会に加盟する事業者のうち、AGミ
ライバライはアイフルとライフカードのグループ会社である。ヤ
マトクレジットファイナンスはヤマトグループの一員で、割販法
適用外の「クロネコ代金後払い」を提供しているが、「包括信用
購入あっせん」業者でもある。

グループ外とのクレジットカード会社との連携の動きも目立
つ。ネットプロテクションズは2021年2月にジェーシービーと資
本業務提携するとともに、同年8月にオリエントコーポレーショ
ン（オリコ）とも業務提携。GMOペイメントサービスは、2022
年6月、GMOペイメントゲートウェイとともに三井住友カード

図表47　割販法適用外のBNPLとクレジットカード会社との提携

出所：公開情報をもとに著者作成

と業務提携を締結し、2023年春を目途に3社でBNPLの提供をはじめることを発表した。

　割販法適用外のBNPLとクレジットカードは、似て非なるサービスである。「取引」の審査、そして「短期」での回収に強みを持つ割販法適用外のBNPL事業者と、「人」の審査、そして「中長期」での回収に強みを持つクレジットカード会社の両者の強みを活かすことで、新しいBNPLの誕生が期待される。

▶ 割販法適用外のBNPLの今後

　筆者は、割販法適用外のBNPL事業者について、今後、割販法に準拠した「包括信用購入あっせん」「少額包括信用購入あっせん」の業者登録を自社でするところが増加すると予想している。

特に「少額包括信用購入あっせん」であれば、資本金要件や純資産要件などの参入障壁が下がることから、金融業界に参入したいFinTech企業や金融業以外の異業種にとって魅力的だろう。利用限度額は10万円となるが、２カ月以上の中長期の分割払いが提供でき、新たな顧客層の開拓も可能となる。

　また、アジア資本のPaceやAtomeはオフライン（リアル店舗）でのコード決済にも注力している。Paceの創業者兼CEOのトゥロシャス・フアド氏は、日本進出にあたって、「日本では、オンラインでの後払い決済は加速している一方、実店舗での導入実績は海外市場と比べ少ないと理解している。そのため、オンラインだけではなく、オフライン販売業者にも後払い型決済オプションを提供」していくとコメントしている。既に日本ではPayPayや楽天ペイなどがコード決済市場で躍進しているが、PaceやAtomeといったBNPLが新たな競合となる可能性もある。

　そして逆に、コード決済事業者も、既にBNPLを提供しているPayPayやメルペイ、ファミペイに追随する事業者があらわれると予想する。BNPLは将来、オンラインショッピングだけではなく、オフライン（リアル店舗）でも利用できるのが当たり前になるだろう。

3

割販法適用のBNPL

▰ 改正割販法で解禁されたAI審査の拡大

　割販法に準拠した場合、前述のとおり「①包括信用購入あっせん」「②認定包括信用購入あっせん」「③少額包括信用購入あっせん」の3種類があるが、認められた範囲で既に様々なBNPLが提供されている。特に、2021年4月施行の割販法改正により新設された、AIを活用した独自の与信審査が可能な②と③については、拡大機運の高まりが見られる。

事例 **45** ファミペイ翌月払い

　2021年9月に、ファミリーマートはファミペイの追加機能として「ファミペイ翌月払い」の提供を開始した。「ファミペイ翌月払い」は、「③少額包括信用購入あっせん」のBNPLである（ファミマデジタルワンが事業者登録）。

　申込みにあたっては、運転免許証やマイナンバーカードなどの公的書類と顔写真の撮影などの本人確認、銀行口座の登録が必要となるが、与信審査に要する時間は最大でも5分である（21時30分以降の申込みは、翌日8時以降順次）。与信審査の際には、CICなどの指定信用情報機関を参照している。

　支払いは、銀行口座からの引き落としか、ファミリーマートでの支払いである。前者の場合は手数料不要で、1日から月末までの利用代金が、翌月27日にまとめて引き落とされる。後者の場

合、収納事務手数料330円がかかる。また、口座引き落としで１カ月の請求金額が5,000円以上の場合、手数料は必要となるが、最大６カ月先まで返済を先送りできる機能もある（１万円未満なら６カ月延期で手数料300円）。

「ファミペイ翌月払い」を利用することで、ファミペイへの事前チャージの手間を省くことができ、チャージ残高不足のためにレジで困ることもなくなる。

事例 46　メルペイスマート払い

メルカリのグループ会社であるメルペイが提供する「メルペイスマート払い」は、「②認定包括信用購入あっせん」のBNPLである。2019年４月に「メルペイあと払い」として開始され、同年11月に「メルペイスマート払い」に名称変更されている。

現在、無金利、手数料なしの翌月一括払いと、年利15％の定額払いの２種類の返済方法があるが、双方ともに、利用にあたって運転免許証やマイナンバーカードなどの公的書類、顔写真の撮影などの本人確認が必要である。

与信審査では、フリマアプリであるメルカリでの利用実績、アカウント作成からの期間、利用規約の遵守度合、メッセージへの返信や評価までの所要日数などの取引状況も活用する。そのため、一流企業に長期間在籍し、高収入を得て、他に借金もなく、過去に返済遅延などの事故を起こしていない場合でも、メルカリでの振る舞いに問題があれば、審査に落ちる可能性がある。実際、唐突に利用限度額が下がるということもあるという。逆に、長期間、問題なくメルカリを利用していれば、収入や勤続年数な

どに多少の問題があり、クレジットカードの審査に落ちた場合やもしくは利用限度額が低い場合でも、審査に通過し、利用限度額が高くなる可能性はある。メルカリのような「取引」データを豊富に持つ企業であれば、適切な審査も可能となり、従来の「人」での審査の場合には取りこぼしていた返済意思が強い、優良な顧客を獲得できる可能性がある。なお、与信審査の際にはCICなど

図表48　「メルペイスマート払い」の概要

人を審査	メルカリでの実績を審査
「年収」「勤続年数」などの属性情報	・メルカリでの利用実績はどれくらいか ・メルカリのアカウント作成からの年数はどれくらいか ・メルカリでの取引における規約を遵守しているか ・コメントなどへの返信や評価までの日数は適切か

	メルペイスマート払い（翌月払い）	メルペイスマート払い（定額払い）
関連法規等	割販法（認定包括信用購入あっせん）：AI審査	
本人確認	要	
CIC	要	
限度額	翌月払い・定額払い合計で50万円 （18、19才：翌月払いは5万円。定額払いは利用不可）	
返済期間	翌月（一括）	長期（月次返済額を指定）
金利・手数料	無 （入金先がコンビニ／ATMの場合は清算時手数料 （200〜880円）あり）	年利15％ （入金先がコンビニ／ATMの場合は清算時手数料 （200〜880円）あり）
入金先	銀行振替、メルペイ残高、コンビニ払い、ATM	

出所：公開情報をもとに著者作成

の指定信用情報機関も参照しているため、多重債務者や過去に事故を起こしているなどの問題がある消費者を見抜くことも可能である。

　1日から月末までの利用代金をまとめて、翌月に銀行口座からの引き落とし、もしくはATM、コンビニでの支払い、さらにメルカリの売買で得た残高からも返済可能である（2021年9月実績では、メルカリの売上金で返済している人は利用者の半数近くにのぼるという）。

　メルペイスマート払いは、年代問わず幅広く利用されており（図表49）、男女比もほぼ半々である（男性45.1%、女性54.9%）。「定額払い」の債権残高は350億円を突破しており、定額払い債権の流動化における極度額の増額（300億円→600億円）も実施（メルカリ2022年6月期第2四半期IR資料）。未払い率（2020年4〜9月の利用者・2021年9月末時点）は1%に満たない（第46回イ

図表49　「メルペイスマート払い」の利用者（年代）

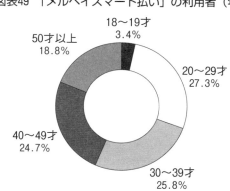

18〜19才
3.4%

50才以上
18.8%

20〜29才
27.3%

40〜49才
24.7%

30〜39才
25.8%

※2021年9月時点
出所：メルカリ2022年6月期第1四半期IR資料より作成

140

ンターネット消費者取引連絡会（2022年9月16日）資料）。メルペイスマート払いの利用者数・債権残高は順調に伸長していることから、長期的な成長ドライバーにしていく考えだ。

▉▍ 大手参入の激震

次に、割販法が適用される「①包括信用購入あっせん」の例として、「PayPayあと払い」を紹介したい。

事例 (47) PayPayあと払い

PayPayの「PayPayあと払い」は、「①包括信用購入あっせん」のBNPLである。PayPayの追加機能として、2022年2月に提供が開始された。

運転免許証やマイナンバーカードなどの公的書類、顔写真の撮影などの本人確認、勤務先情報、銀行口座の登録が必要となるが、最短7分（申込み5分、審査2分）で手続きが完了する（21時30分～翌10時の申込みは翌日12時以降）。与信審査の際には、CICなどの指定信用情報機関を参照している。

「PayPayあと払い」では、1日から月末までの利用代金は、まとめて翌月27日に銀行口座から引き落とされる。手数料は必要ない（支払いが遅れた場合は年率14.6％の遅延損害金が発生）。

PayPayは既にクレジットカードの「PayPayカード」を発行しているが、「PayPayあと払い」とカニバリ（カニバリゼーションの略。自社の商品やサービスで競合すること）を起こすことはなく、両者の役割分担は明確である。

具体的には、「PayPayあと払い」が利用可能な店舗は、コー

ド決済のPayPayの加盟店である。対して、「PayPayカード」
の利用可能店舗は、クレジットカードの加盟店である。クレジッ
トカードの加盟店である大規模店舗やチェーン店では「PayPay
カード」を利用し、翌月一括払いなどの「後払い」が利用でき
る。一方で、クレジットカード加盟店ではない小規模のパパママ
ショップでは「PayPayあと払い」でBNPLが利用できる。消費
者にとっては、PayPayの提供するクレジットカードとBNPLに
より、「後払い」ができる店舗が増え、買い物の幅が広がるとい
える。

　そして、「ファミペイ翌月払い」と同様に、「PayPayあと払
い」を利用することで、PayPayへの事前チャージの手間を省
くことができ、チャージ残高不足のためにレジで困ることもな

図表50　「PayPayあと払い」と「PayPayカード」の比較

	PayPayあと払い	PayPayカード
利用可能場所	PayPay加盟店	クレジットカード加盟店
利用可能タイミング	入会後即利用可（設定変更要）	入会後即バーチャルカード発行（プラスチックカードは約1週間後）

出所：PayPayプレスリリース、PayPayカードHPをもとに著者作成

くなる。

なお、「PayPay」アプリ上で「PayPayあと払い」を申し込むと、審査完了後すぐに、「PayPayカード」のバーチャルカードも利用可能になる。

PayPayの登録者は2022年8月に5,000万人を超えており、日本の約2.5人に1人が利用していることになる（加盟店は374万カ所・2022年6月末）。その土台を活かした「PayPayあと払い」はPayPayのマネタイズの柱の1つとして位置付けられよう。

大手がBNPLに参入することで、BNPLの認知度は一層向上することが予想される。それはビジネスチャンスでもあるが、他の事業者にとっては新たなライバルの登場となる。「PayPayあと払い」の登録者数は、2022年6月末時点（開始から5カ月）で累計173万人まで躍進。今後の拡がりが注目される。

■ ユニコーン企業の買収で号砲

Paidyは、日本を代表するユニコーン企業（企業価値が10億ドル以上の未上場企業）の1つである。2021年3月に、総額1億2,000万ドル（約132億円・当時）の資金調達を完了。創業からの累計資金調達総額は5億8,500万ドル（約644億円・当時）（うち、金融機関による融資を除く資本調達総額は3億3,700万ドル（約371億円・当時））と、国内のスタートアップで最大規模となった。

上場に向けて準備を進めていたが、同年9月に、PayPalが27億ドル（約3,000億円・当時）でPaidyを買収することを発表。上場ではなく、PayPalの傘下に入る道をとったPaidyの選択

は、買収額の大きさも含めて注目を集め、業界関係者をどよめかせた。

　なお、Paidyは昨今のBNPLの流行に乗って立ち上げられたわけではなく、2008年設立である（2018年にエクスチェンジコーポレーションから社名変更）。PayPalは、Paidyについて「日本市場に合わせたあと払いサービスをいち早く開発し、急速に成長してきた」と評価する。2020年は430万だったペイディのアカウント数は2021年に710万超となり、取扱高・売上は前年比２倍以上となったという（2021年12月21日プレスリリース）。それでは、Paidyの提供するサービスはどのようなものか。

事例 (48)　Paidy

　Paidyは、割販法適用外のBNPL（「ペイディ」（翌月払い））と、「①包括信用購入あっせん」のBNPL（「ペイディプラス」（３回あと払い））という、まったく異なるBNPLを提供している。一般的には「ペイディ」と一言で語られるため、BNPLについての理解を少々混乱させている原因の１つでもある。

　割販法適用外のBNPLである「ペイディ」（翌月払い）（旧・Paidy翌月払い）は、2014年10月に提供が開始された。注文時にメールアドレスと携帯電話番号を登録し、携帯電話（SMS）に届く４桁の認証コードを入力するだけで、商品などを購入できる。与信審査に要する時間は数分で、運転免許証やマイナンバーカードなどの公的書類、顔写真の撮影などの本人確認は必要なく、与信審査に通過すれば即時に無金利、手数料なしの翌月払いのBNPLを利用できる。Amazonなど70万店以上で利用が可

能だ。

「ペイディプラス」（３回あと払い）は「①包括信用購入あっせん」のBNPLであり、無金利、手数料なしの３回分割払いである。2020年10月に開始された。運転免許証またはマイナンバーカード、顔写真の撮影等による本人確認は必須だが、数分で審査は完了する（深夜25時（日曜日は22時）以降は翌朝８時以降）。CICなどの指定信用情報機関を参照し、割販法に定められた与信

図表51　ペイディの主な種類

	ペイディ（翌月払い）	ペイディプラス（３回あと払い）	ペイディカード（バーチャルカード、プラスチックカード）
支払方法	翌月一括払い	３回分割払い	翌月一括払いor３回分割払い
関連法規等	－	割販法（包括信用購入あっせん）	
本人確認	－（メールアドレス・携帯電話番号のみ）	要	
CIC	－	要	
利用可能場所	ペイディ加盟店	ペイディ加盟店	VISA加盟店
限度額	与信次第	与信次第	
返済期間	短期（翌月）	短期（３カ月）	翌月or３カ月
金利・手数料	無（コンビニ支払いの場合は支払い手数料（356円）、銀行振込の場合は振込手数料あり）	無（コンビニ支払いの場合は支払い手数料（109〜356円。ただし、同月の請求に分割払いまたはPaidy超あと払いが含まれる場合は発生しない）、銀行振込の場合は振込手数料あり）	
入金先	コンビニ、口座振替、銀行振込	コンビニ、口座振替、銀行振込	

出所：公開情報をもとに著者作成

審査を実施している。

　また、「ペイディカード」というカードも発行している。「ペイディカード」はVISAの加盟店で、そして「ペイディプラス」はペイディ加盟店で利用ができるため、使い分けができる。「ペイディカード」（プラスチックカード）を利用すれば、オフライン（リアル店舗）でも、翌月一括払い、もしくは３回分割払いを利用できる（３回分割払いの場合は、一括払いで購入後にアプリ上で変更が必要）。

　加えて、2021年６月より、Apple StoreおよびAppleのウェブサイトで利用可能な無金利のiPhone（アイフォン）などの分割払い（「あと払いプランApple専用」）や、特定の加盟店と提携した３カ月以上の長期の「後払い」となる「Paidy超あと払い」なども提供している。返済は、登録した銀行口座からの引き落とし、もしくは請求書を受領してコンビニ払いか銀行振込となる。

　Paidyは既に台湾にも進出しているが、今後はPayPalとともに本格的なアジア展開も期待される。

第 5 章

日本における
BNPLのこれから

1 群雄割拠の時代へ

❖ BNPLは１兆円を超えるマーケット

　BNPLは、海外での流行とともに、日本でも若い世代を中心に認知されはじめている。BNPLは、Embedded Finance（エンベデッドファイナンス：組込み金融）、キャッシュレス決済といった、昨今話題の金融サービスとも親和性が高い。割販法改正による「少額包括信用購入あっせん」の創設も追い風となり、FinTech企業や異業種の事業者にとって今は金融業界参入の絶

図表52　EC決済サービス、BNPLの市場規模

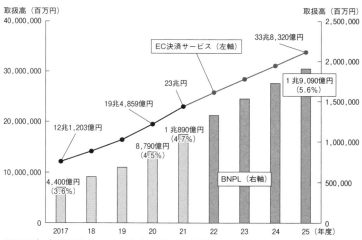

※2021年度は見込値、2022年度以降は予測値
出所：矢野経済研究所「EC決済サービス市場に関する調査」（2022年）より
　　　作成

好の機会である。

「後払い大国」である日本は、海外と比べてクレジットカード保有率や利用率が高く、既に様々な「後払い」も普及しているため、海外のように爆発的なBNPLの流行が到来するとは考えにくい。しかしながら、EC決済サービス市場は伸長しており、そのうち、BNPLが選択される割合も増加傾向にある。2021年度のBNPL市場は1億890億円（EC決済サービスの4.7%）で、2025年度には1兆9,000億円を超える規模（同5.6%）に成長すると予想されている（図表52）。

この1兆円を超えるマーケットは様々な業界の関心を集めており、BNPLに参入する事業者は今後、急増するだろう。どんな事業者が予想されるだろうか。

FinTech企業が狙うターゲット

まずは、FinTech企業である。新規にBNPLを提供するベンチャーを起業する場合もあれば、既にプリペイドカードを発行していたり、PFM（Personal Financial Management（パーソナルファイナンシャルマネジメント）：個人資産管理）を提供したりしている事業者の事業拡大の一環としてBNPLを展開することもあるだろう。参入障壁の下がった「少額包括信用購入あっせん」に業者登録のうえでBNPLを提供する、もしくは割販法適用外のBNPLを提供する、どちらの道を選ぶかは、事業者の戦略による。

新規にベンチャーを起業するのであれば、既存のクレジットカード会社などが顧客とすることが難しい、フリーランスや外国

人労働者などのニッチな領域でのBNPLの提供が有効だろう。今後、フリーランスやベンチャー社員、外国人労働者、特定の地域の住民など、ニッチな領域で展開するBNPLの登場が予想される。

図表53　FinTech企業によるBNPL参入

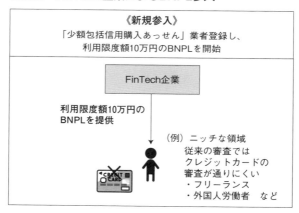

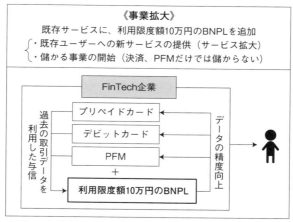

出所：公開情報をもとに著者作成

一方、事業拡大であれば、既存ビジネスで蓄積したデータを活用した、高度な与信審査が可能となり、クレジットカード会社が取りこぼしていた優良な消費者も顧客とすることができる可能性が高い。中長期のBNPLを提供するならば、加盟店からの手数料に加え、消費者からの金利や手数料も徴収できるため、プリペイドカードやPFMよりも高い収益が期待できる。

FinTech企業であるナッジは、「少額包括信用購入あっせん」に登録し、2021年９月より「次世代クレジットカード」と銘打った「Nudge」を提供している。クレジットカードのため厳密にはBNPLではないが、勤務先情報や銀行口座の登録が不要（運転免許証やマイナンバーカード等による本人確認は必要）で、返済は月に１度の口座引き落としではなく、好きなタイミングでセブン銀行ATMまたは銀行振込で可能（利用金額確定日の翌々月１日より利息が発生）など、BNPLの要素を組み込んでいる。同社の提携するスポーツチームやアーティスト等の「推し活」に繋がる、独自券面でのクレジットカードの発行が１枚からでも可能で、若い世代をターゲットユーザーとする。AIなどを用いた独自審査を行うことで、学生やアルバイト、フリーランスでもつくりやすくなっている。

事例 49 3PLATZ

3PLATZは2019年に設立された、在日外国人向けのFinTech企業である。2020年に新生銀行、アプラスと業務提携し、新生銀行グループの提供するプラットフォーム「BANKIT」（バンキット）を活用して、VISAプリペイドカード（バーチャルカード）

を発行している。

　3PLATZの企業ビジョンは在日外国人の日常生活のサポートであり、在日外国人向けのBNPL「BNPJ」（Buy Now Pay in Japan）の提供を計画している。東南アジアの約2,500万人のデータを用いた実績のある与信審査システムを構築する予定という。日本とは異なる文化・習慣を持つ東南アジアの消費者を的確に審査するには豊富なデータを活用するのが有効であろう。日本での在日外国人向け与信審査のモデルケースとなることを期待したい。

▚ コード決済サービスとの融合

　BNPLはオンラインショッピングだけのものではない。既にPayPayやファミペイ、メルペイがBNPLを導入しているが、オフライン（リアル店舗）でもBNPLは必須となるだろう。

　アジアでは既にBNPLはオフライン（リアル店舗）に進出し、クレジットカード、デビットカード、コード決済の競合としての地位を確立している。

　日本ではコード決済の利用が広がってきているが、「前払い」の場合、入金（チャージ）の手間がある。その弱点は、BNPLの導入で解決できる。今は手持ちの資金がなくても、買い物ができるようになるメリットも大きい。コード決済がさらに普及し、スーパーアプリに進化するためには、BNPLは必須の機能となるだろう。BNPLのオフライン（リアル店舗）での利用は、日本のキャッシュレス決済の進展にも寄与するはずである。

　シンガポール発のAtome、Paceは、日本でも、オンライン

に加えて、オフライン（リアル店舗）でもコード決済による
BNPLを提供している。

　そして、コード決済では、既にファミペイは「ファミペイ翌月
払い」、PayPayは「PayPayあと払い」、メルペイは「メルペイ
スマート払い」というBNPLの提供をはじめているが、他のコー
ド決済によるBNPL導入も予想される。

　たとえば楽天ペイであれば、グループにクレジットカード会社
もあり、PayPayと同様の展開が考えられる。UNIQLO Payや
MUJI passport Payなどは、自社もしくはグループで「少額包
括信用購入あっせん」業者登録を行うことで、ファミペイと同様
の展開が可能である。ユニクロ、無印良品の販売価格帯であれば
10万円の限度額でも問題はないだろう。

　その他、全国には地域限定で展開しているコード決済が多数存
在するが、割販法適用外である返済期間2カ月以内のBNPLで
あっても、消費者の購買意欲を活性化させることは可能である
（中長期の分割払いができれば、より一層消費者の利便性が増す
ことはいうまでもない）。地域活性化の施策の1つとして、自社
でBNPLを提供、もしくは他社のBNPLを導入することを検討す
るべきだろう。

■ 小売業などの非金融事業者の参入

　小売業などの異業種の参入もあるだろう。本業とのシナジーや
収益源の多様化等を目的に、金融業界への参入を考えている小売
業などの異業種は多い。金融サービスには、銀行やクレジット
カード、貸金業などがあるが、手始めにBNPLと考える事業者は

あるだろう。小売業はオンライン、オフライン（リアル店舗）を問わずBNPLと親和性が高く、検討中の小売業は多いと思われる。

　既にネットプロテクションズやPaidyなどのBNPLを導入しているECサイトもあるが、金融サービスへの新規参入の機会として、参入障壁が下がった「少額包括信用購入あっせん」に業者登録することも含め、自社でBNPLを展開する事業者が出てくると予想する。自社でBNPLを展開することで、クレジットカードなどの従来の「後払い」を利用しない、もしくはできない消費者の利用を促進することができる。また、自社で消費者のデータを管理することで、データを活用した新たな事業展開も可能である。さらには、他社に支払っていた決済手数料の抑制もできる。自社で展開するか、もしくは他社のBNPLを導入するかは、投資対効果を算定したうえで見極めるべきだろう。

　小売業ではないが、2022年2月にECサイト構築支援大手のBASE（ベイス）が消費者向けサービスにBNPLを追加することを発表した。2023年3月中には、BASEが構築支援をしたECサイトで、BASEのBNPLを利用できるようになる予定だ。今後は同様に、金融業界ではない異業種によるBNPLへの参入が続くと予想する。

　ここで、6つの業種のBNPL参入の可能性について検討してみたい。

① 家電量販店

　家電量販店のほとんどのECサイトでは、ネットプロテクションズやペイディ（翌月払い）などのBNPLを導入していない。高額商品が多いため、利用限度額5万5,000円程度のBNPLとは相

性がよくないということだろう。しかし、家電量販店で販売される商品は多様化しており、日用品やインテリアをはじめとした５万5,000円以内で購入できる商品も増えている。14日後払いや翌月一括払いのBNPLが導入されれば、利用する消費者は多いと思われる。

　また、10万円程度のテレビなどの家電についても、スマートフォンだけで手間なく簡単に無金利、手数料なしで３万円程度の３回分割払いで購入できれば、手を出せる消費者は増えるはずである。「少額包括信用購入あっせん」業者に登録して中長期の分割払いを提供すれば、消費者にとってはさらに返済しやすくなる。

　多くの家電量販店はポイント事業に積極的に取り組んでいるため、既に豊富な消費者データや取引データが蓄積されているというアドバンテージもある。これらのデータを活用することで、クレジットカードやショッピングローンの審査には通らなくても優良な顧客を、取引実績に基づく高度な与信審査で見極めることができる可能性は高い。

②　ホームセンター

　ホームセンターの多くのECサイトがネットプロテクションズやペイディなどのBNPLを導入しており、BNPLとは相性がよい業種といえる。

　そのうえで、自社でBNPLを導入することを検討してもよいのではないだろうか。「少額包括信用購入あっせん」業者のBNPLであれば10万円までとはなるが、中長期の分割払いも可能となる。DIYが流行するなか、月ごとの返済金額が低く抑えられるな

らば、新たな需要を呼び起こせるかもしれない。

　また、ホームセンターは、中小の工務店も主要な顧客となる。
Ｂ２ＢのBNPLもニーズは高いはずである。

③　大手ファッションのECサイト

　大手ファッションのECサイトでは、ネットプロテクションズ
などのBNPLを多く導入している。カタログ通販の流れもあり、
BNPLとは相性がよい。

　さらに、限度額10万円の「少額包括信用購入あっせん」の
BNPLを提供できれば、中長期の分割払いが可能となり、「カー
ト落ち」（およそ７割といわれる）防止とともに、ワンランク上
の商品の購入（アップセル）やついで買い（クロスセル）も増加
するだろう。Klarnaでは、コンバージョンが30％伸長、平均注
文単価が41％増大とアナウンスしているが、日本でもBNPL導入
による効果は期待できる。

　なお、割販法適用外のBNPLを提供するSCOREはニッセン、
キャッチボールはスクロールという大手カタログ通販の系列であ
る。同様に、大手ファッション系のECサイト発の新しいBNPL
が登場するかもしれない。

④　ネットスーパー

　ネットスーパーのBNPLも面白い。現在のネットスーパーの主
要な決済手段は、代引きかクレジットカードである。コロナ禍で
は自宅を留守にすることは少なかったものの、永続的にこの状況
が続くわけではない。自宅を留守にすることが増えれば、代引き
での取引が難しくなり、代替となる支払い手段が必要である。

　取引ごとに請求書が発行されてしまうと煩雑となるが、１カ月

分を翌月一括返済できるBNPLであれば、利用したい消費者は多いはずである。また、単なるBNPLだけに留まらず、消費者の購買実績を分析し、お得な商品のプロモーションや家計簿アプリなどを提供することで、消費者の囲い込みも可能となる。

⑤　フードデリバリー

　フードデリバリーのBNPLも、興味深い。BNPLを導入することで、クレジットカードを持っていない若い世代に利用してもらえる可能性が高まる。また、商品の受取り時、代金の支払いのために、ドライバーと接するのを嫌う消費者は少なくないため、BNPLは有効な手段になりうる。

⑥　旅行業界

　欧州ではFly Now Pay LaterやButter（バター）、アメリカではUpliftなど、海外では旅行商品に特化したBNPLが成長しており、旅行業界とBNPLは相性がよい。

　現在の旅行代理店、ホテル、航空会社、電鉄系のECサイトは、クレジットカードが主要な決済手段である。ダイナミックプライシングへの対応も含めて、手元に資金がない場合でも利用できるBNPLは消費者にとって魅力的なはずである。海外旅行では少々物足りないが、国内旅行であれば、限度額10万円の「少額包括信用購入あっせん」のBNPLでも十分である。

　コロナ収束後、日本でも旅行商品に特化したBNPLが登場する可能性はある。

銀行による外部事業者へのBNPL提供

　第2章-9で述べたとおり、海外では伝統的な銀行もBNPLの

躍進に対して、既に対策を講じている。日本においても、銀行などの金融機関は、BNPLの躍進を黙って見ているわけにはいかない。

　特に、地方銀行や信用金庫などの地域金融機関は、自社の主要顧客である中小規模の地場産業向けにBNPLを提供することが有効と考えられる。ネットプロテクションズは、地方銀行や信用金庫と提携し、金融機関の顧客に対してBNPLの導入を積極的に進めている。

　お取り寄せグルメなど、地方の特産品のオンラインショッピングでBNPLが利用できれば、高額でも手が届くと思われる商品もあるはずである。地場産業の売上拡大、地域の活性化に貢献する１つの手段として、BNPLの活用が考えられるだろう。

　また、セブン銀行のように、外部事業者向けにBNPLを提供することも選択肢の１つとなりうる。

事例 50　セブン銀行後払いサービス

　セブン銀行は、2021年９月より外部事業者（プリペイドカード発行者等）向けに「セブン銀行後払いサービス」を開始した。事業者はセブン銀行に債権譲渡を行い、債権金額の全額についてセブン銀行が回収を行う。銀行業務で培ったノウハウを活かして審査・不正検知を行うという。

　既に、スタートアップであるカンムが発行するVISAプリペイドカードに対して、後払いサービス（「ポチっとチャージ」）を提供している。申込みにあたっては、氏名・生年月日・メールアドレス・電話番号の入力が必要で、手数料は510円（3,000～１万円

図表54 「セブン銀行後払いサービス」のスキーム

加盟店契約

サービスの提供

外部サービス事業者

後払いサービスの提供

出所：公開情報をもとに著者作成

の場合）から1,830円（４万1,000〜５万円の場合）である。支払いは、翌月末までにセブン銀行ATMやコンビニなどで行う。

2022年度第１四半期（４〜６月）の「セブン銀行後払いサービス」の取扱高は106億円、取扱件数は85万1,000件に伸長している。セブン銀行は、2022年６月に日本後払い決済サービス協会に加盟。今後、他の事業者にもサービスを展開していく考えである。

既存クレジットカード会社の脅威となるか

日本のクレジットカード会社も、BNPLに対抗するはずである。クレジットカードは、BNPLと最も近しい決済手段であり、競合となるからだ。

まずは、MastercardやVISAなどがブランドのBNPLプログラムを導入するだろう。既にシンガポールのDBS BankがMastercard等と共同でBNPLを導入しているが、近々、日本のクレジットカード会社でも導入するところが登場し、Pay in 4などのBNPLを既存のクレジットカードで利用できる日が到来するだろう。

また、アメリカのSplititのようにクレジットカードでの返済を前提とした、無金利、手数料なしの短期分割払いができるBNPLも面白い。返済は複数回となるが、合計すれば同額程度の加盟店手数料を得ることができるため、収益の悪化にはならないはずである。

　さらに、BNPLに近しい中長期の分割払いであるリボ払いについて、ネガティブなイメージを改善する取組みもあるだろう。リボ払いはクレジットカード会社にとって収益の柱の1つであり、失うわけにはいかない領域でもある。オーストラリアのNational Australia BankのStraightUpのように、サブスクを導入したリボ払いカードが登場するかもしれない。リボ払いでは金利や手数料が不透明となるが、サブスクにすることにより、金利や手数料に相当する「後払い」に必要な金額が消費者に明確に提示されれば利用しやすいだろう。

　また、翌月一括払いでの決済後に会員向けサイトでリボ払いへの変更が可能なクレジットカードは多いが、リボ払いだけではなく、American ExpressのPlan ItやアメリカのJPMorgan Chase BankのMY CHASE PLANのように、明細ごとに自由に返済方法（返済金額と返済期間、金利や手数料の有無）を選択できる方式を取り入れることも考えられる。金利や手数料を明確に提示することで、消費者も納得して利用できるようになるだろう。

　加えて、今まで取りこぼしていた優良な顧客の獲得に取り組むことも考えられる。「認定包括信用購入あっせん」もしくは「少額包括信用購入あっせん」に業者登録することで、AIを活用した

独自の与信審査が可能となり、優良なフリーランスや外国人労働者等の顧客を獲得できる可能性が増える。彼らも将来的にはクレジットカードを保有できるだけの信用を与えられる顧客に成長する可能性があり、顧客の青田買い的なクレジットカードのセカンドブランドとしてBNPLを提供するのも、選択肢の1つとなる。

▐ 成長か淘汰か

　海外からの参入も忘れてはならない。既にシンガポールのAtome、Paceは日本に上陸しているが、アジアで成功を収めたその他のBNPL事業者が日本市場に進出することも考えられる。アジア発のBNPLの強みは、1つの国での成功ではなく、アジア全域での成功を目指していることである。そのため、共通のプラットフォームで、多言語化、多通貨対応ができており、インバウンド、アウトバウンド対応も可能である。

　また、旅行業界などの様々な業界に特化したBNPL、特定の消費者をターゲットとしたBNPLも登場するだろう。外国人労働者だけではなく、フリーランスに特化したBNPL、ベンチャー企業社員に特化したBNPLなども考えられる。たとえば、旅行業界と新入社員を組み合わせて、翌4月に入社予定の大学4年生や大学院2年生向けの卒業旅行に特化したBNPLなら、一定の市場があると考えられる。4月以降に支給される予定の給与額から算出した返済可能な金額に応じた返済回数の設定が可能であれば、使い勝手がよいだろう。

　加えて、第2章−6で紹介したような、特化型のBNPLが日本で提供されることもあるだろう。法規制、国民性、既存の金融

サービス（銀行口座保有率、クレジットカード保有率など）の普及状況などを考慮することは必要だが、日本でも人気を集めそうなサービスもある。たとえば、医療費に特化したBNPLが登場してもおかしくはない。Ｂ２ＢのBNPLも求められるだろう。

　近い将来、BNPL市場は、既存のBNPLに加え、異業種、FinTech企業、海外勢、伝統的な金融機関のBNPLなどが多数登場して、群雄割拠の時代となるだろう。そして、クレジットカードをはじめとした従来の「後払い」も、社会環境の変化、消費者の変化に対応したBNPLで対抗していくだろう。極端な表現を使えば、誰でもBNPLの提供者となり、誰でもBNPLを利用する、そして何でもBNPLで購入する時代が到来する。ただし、それほどの時間を要さずに、消費者のニーズを掴めないBNPLは淘汰されていくだろう。どんなBNPLが求められるのだろうか。

2 活性化する「BNPL」への期待

▶ 検討すべき要件

　時代に適した「後払い」としてBNPLを考えるならば、次の５つの要件を考慮すべきである。

① 全ての手続きをスマートフォンでできる。
② オンラインとオフライン（リアル店舗）で利用できる。
③ 即時に与信審査ができる。

④　消費者が可能な範囲で返済できる金額に応じた返済回数
　　等が選択できる。

⑤　コンビニ払い、コード決済、ATM払いなど、返済場所
　　の多様化に対応できる。

図表55　時代に適した「後払い」（イメージ）

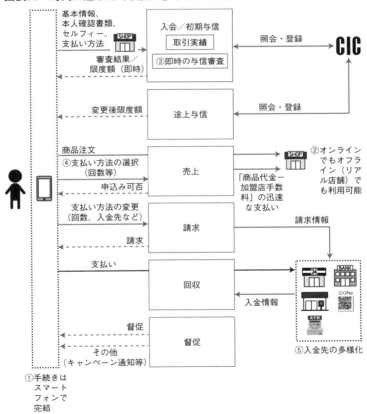

出所：公開情報をもとに著者作成

今後、銀行口座維持手数料の徴収が広がれば、誰もが銀行口座を保有しているとは限らない状況になるかもしれない。また、給与支給日も月に1回とは限らない。そのため、返済は銀行口座引き落としだけではなく、コンビニ払い、コード決済、ATM払いなど、消費者が柔軟に選択できるようにする必要があるだろう。

■ アフターコロナの経済再生のカギに

今後も日本でクレジットカードの保有率が大きく下がることはないと思うが、社会環境や消費者の変化により、ECでの支払いの選択肢としてクレジットカード以外の「後払い」が利用される機会はより一層増え、オフライン（リアル店舗）での利用も増加するだろう。

2021年に入り、唐突に日本に「消費者から金利も手数料もとらない」「リアルタイム審査」、さらには「審査不要」という魅力的なキャッチフレーズとともに伝わったBNPLだが、筆者は、正直にいえば、日本では誤ったイメージが植え付けられてしまったと感じる。

筆者なりに解釈すれば、BNPLは社会環境が変化し、消費者も変化し、ECでの取引が増加し、「前払い」が普及するなかで、時代に求められる新しい「後払い」である。前述のキャッチフレーズで訴求された金利や手数料は条件次第であり、審査の方法が変わったに過ぎない。

BNPLは、魔法のサイフではない。事業者は適切な与信審査を行う、消費者は返済できる範囲で利用するというマインドが必要となる。そうなれば、消費は活性化し、経済再生に繋がっていく

図表56　BNPLの今後

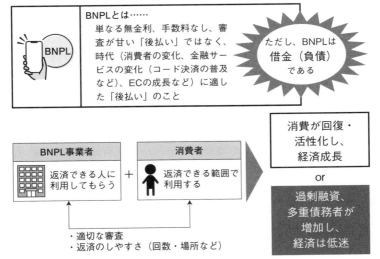

BNPLとは……
単なる無金利、手数料なし、審査が甘い「後払い」ではなく、時代（消費者の変化、金融サービスの変化（コード決済の普及など）、ECの成長など）に適した「後払い」のこと

ただし、BNPLは
借金（負債）
である

BNPL事業者	消費者
返済できる人に利用してもらう	返済できる範囲で利用する

・適切な審査
・返済のしやすさ（回数・場所など）

消費が回復・活性化し、経済成長

or

過剰融資、多重債務者が増加し、経済は低迷

出所：公開情報をもとに著者作成

だろう。逆に、事業者による適正な与信審査と消費者の適正な利用ができない場合は、過剰融資や多重債務者の増加が社会問題となり、失われた30年は継続されることになる。

　BNPLという新しい「後払い」は、アフターコロナの経済再生のカギを握っている。BNPLによる変化を、私たちはこれから目にすることになるだろう。

おわりに

　海外で先行して話題となったBNPLだが、正直にいえば、雑誌への寄稿やセミナーで講演する機会はあったが、1冊の書籍を執筆するほど日本で話題になるとは思っていなかった。

　しかし、本書の執筆に際し、改めてBNPLを深掘りし、BNPLはクレジットカードなどの従来の「後払い」とはまったく異なる、時代に求められた「後払い」であることを再認識することができた。

　私は金融機関の勤務実績は皆無で、法律やITの専門家でもない。本書では1人の消費者の視点でBNPLを論じさせてもらったが、読者の皆さまがBNPLを理解するきっかけとなっていれば幸いである。

　私は、クレジットカードなどの従来の「後払い」も含め、日本の金融サービスはバブル期以前の完成形が今でも運用されていると感じている。しかし、時代はこの30年で大きく変化し、ファッション、食料、雑貨から家具、家電まで、オンラインでのショッピングが当たり前になり、コンビニなどの少額商品であればキャッシュレス決済であるコード決済を利用するのは日常の風景になりつつある。

　このように時代が変化するなかで、簡単にいってしまえば、BNPLは誰でも、簡単にオンラインショッピングで「後払い」や「分割払い」ができるとともに、オフライン（リアル店舗）のコード決済でも「後払い」を可能としてくれるサービスである。

ちょっとしたことだが、非常に利便性が高く、日常生活は快適になる。

また、幸いなことに、私はクレジットカードを複数枚持ち、住宅ローンも完済し、今後は大きな融資を受けることもないと思うが、私の知人には、次世代を担う有望な在日外国人や、前向きに転職を繰り返す若い世代の日本人も多い。彼らは信用に値する人物であっても、従来の金融の審査基準ではあまりよい評価をされない。しかし、未来を担う彼らが快適に日常生活を送るためには、私たち以前の世代（50代以降）が、住宅や家電、自動車などを割賦販売で購入してきたように、「後払い」は必須なサービスである。BNPLの流行をきっかけとして、金融の世界での審査のあり方にも変化があることを期待したい。適切な審査のうえで提供されるBNPLは、消費者と事業者にとってWin-Winの関係を築けるはずである。そして、その関係が築ければ、日本は失われた30年から脱却できるはずである。

最後に、本書の執筆にあたり、インドネシアとタイに駐在し、東南アジアに関する豊富な経験と知見を持つ株式会社クニエの新井弘之氏、ミャンマー、ベトナムで独自のビジネスを展開する株式会社リオの山下隆浩社長、200以上の国や地域への送金サービスを提供する株式会社ウニードス（キョウダイレミッタンス）の木本結一郎代表と山崎功祐氏、ネパール最大の金融コングロマリットIME GroupのHem Raj Dhakal MD、同グループIME LondonのRaghu Nath Bhandari CEO、同グループSwift TechnologyのAjang Bhandari氏、東南アジア最大のコンビニIndomaretのIT子会社PT Ace Global Consulting & IntegrationのSteven Sunarno社長とWisnu Hari Prabowo氏、金融系のフリーランスのエンジニアとして活躍する在アメリカのNepal Bhushan Gauli氏、在タイのJapan Software Service（JSS）現地代表の佐藤誠一郎氏、前職の先輩である松谷吉隆氏、松村道郎氏には様々なアドバイスを頂き、感謝の言葉を伝えたい。

安留　義孝

【著者略歴】

安留　義孝（やすとめ　よしたか）

日本アイ・ビー・エム株式会社 IBMコンサルティング事業本部 金融サービス事業部 アソシエイトパートナー

1968年横須賀市生まれ。明治大学商学部卒。メガバンク系シンクタンクなどを経て、日本アイ・ビー・エム株式会社入社。

2016年以降、世界22カ国を訪問し、金融サービス、小売サービスを体験。『月刊消費者信用』（金融財政事情研究会）、『月刊金融ジャーナル』（日本金融通信社）などの媒体や、金融財政事情研究会、全国地方銀行協会、日本クレジット協会、TIプランニングなどでの講演を通じて、世界各国で自らが体験した消費者視点のDX（Digital Transformation）の情報を発信している。

代表著書は『キャッシュレス進化論―世界が教えてくれたキャッシュレス社会への道しるべ』（金融財政事情研究会）、『テレワークでも成果を上げる仕事術』（マイナビ出版）、『世界デジタル紀行　日常生活に溶け込むDX』（共著・日本橋出版）。

BNPL　後払い決済の最前線
──急成長する市場と日本・世界の先進事例50

2023年3月31日　　第1刷発行

著　者　安　留　義　孝
発行者　加　藤　一　浩

〒160-8520　東京都新宿区南元町19
発　行　所　一般社団法人 金融財政事情研究会
企画・制作・販売　株式会社きんざい
出　版　部　TEL 03(3355)2251　FAX 03(3357)7416
販売受付　TEL 03(3358)2891　FAX 03(3358)0037
URL https://www.kinzai.jp/

校正：株式会社友人社／印刷：三松堂株式会社

ISBN978-4-322-14224-2